ニコラ学園──
すべての生徒が
希望に胸を躍《おど》らせ、
挫折《ざせつ》と失敗に涙を流す場所。

でも、大人になって思うだろう。
あのときの希望と涙こそが、
今の自分を作った宝物だ、と。
あの頃の、悩《なや》みを抱えた自分を、
やさしく抱きしめてあげたい、と。

ニコラ学園

楽しい学校生活スタートブック

「ニコラ」編集部 監修

Gakken

ようこそ、ニコラ学園へ

みんな、はじめまして！　私たち、ニコラ学園の生徒会メンバーです。
新しい学校やクラスにはもうなじめたかな？
友だちや先生と話す機会は増えた？
新しい環境って、ワクワクする気持ちと同時に、
ちょっぴり不安やドキドキもあるよね。
でも大丈夫、そんなときこそ、このスタートブックを開いてみて。
友だち作りのコツ、勉強と部活の両立方法、
好きな人へのアピールテクニック……
学校生活を楽しく乗り越えるためのヒントが、たくさん詰《つ》まっているよ。
そして、いつだって私たち、ニコラ学園生徒会はみんなの味方。
こまったことがあれば、なんでも頼《たよ》ってね。
毎日を思いっきり楽しんで、一緒に最高のスクールライフを過ごそう！

ニコラ学園生徒会メンバー一同

ニコラ学園

生徒会メンバー紹介

生徒会長

中3 コハナ

明るく、みんなのムードメーカー。誰とでもフレンドリーに話すことができるので、男女問わず友だちが多く、後輩たちからの信頼《しんらい》も厚い。

kohana

副生徒会長

中3 フタバ

女子力が高く、男子のあこがれ的存在。しっかり者でめんどう見がよく、生徒会長・コハナのことをさりげなくフォローしている。

futaba

中2 リリ

スタイルばつぐんで、おしゃれが大好き。ちょっぴり内気でおっとりした性格だけど、誰にでも優しくて思いやりにあふれている。

riri

中2 アンナ

バスケ部所属。いつも元気いっぱい＆サバサバした性格で男友だちが多い。先輩に片想いしていて、幼なじみのハルトが相談相手。

anna

中2 ハルト

さわやかなルックスと実力を兼《か》ねそなえた、サッカー部のエース。幼なじみのアンナに片想い中。

haruto

中1 クルミ

活発で芯が強く、成績優秀とあってまわりから一《いち》目《もく》置《お》かれる存在。裏表がないのでクラスメイトの相談役になることも多い。

kurumi

中1 リコ

のんびりマイペースな性格。トレードマークの笑顔でみんなをいやし、生徒会メンバーからは妹のようにかわいがられている。

riko

撮影スタッフ

【表紙・マンガ】

ニコラモデル

有坂心花、小松崎ふたば、星乃あんな、稲垣来泉、崎浜梨瑚、中瀬梨里、今井暖大

カメラマン

藤井大介

スタイリスト

大橋美紀

ヘアメイク

赤川恵

【その他ページ】

ニコラモデル／メンズモデル

青山姫乃、足川結珠、阿部ここは、有坂心花、池未来実、池端杏慈、伊藤沙音、稲垣来泉、榎本月海、太田雫、川原美杏、河村果歩、北川花音、工藤唯愛、国本姫万里、組橋星奈、小松崎ふたば、近藤藍月、近藤結良、崎浜梨瑚、佐藤菜月海、十文字陽菜、白尾留菜、白水ひより、田中南、中瀬梨里、中山あやか、林美央子、林芽亜里、葉山若菜、平澤遙、藤野有紗、星乃あんな、松田美優、湊胡遥、宮本和奏、吉岡優奈、吉本麗南、梨里花（五十音順）

犬飼太陽、今井暖大、内田蓮、河島英人、久野渚夏、西優行、前川佑、南龍和、宮本龍之介（五十音順）

カメラマン

小川健、千葉タイチ、堤博之、野口マサヒロ［WIND］、藤井大介、藤原宏［Pygmy Company］（五十音順）

スタイリスト

大橋美紀、moena、山下亜梨沙（五十音順）

ヘアメイク

赤川恵、只友謙也（P-cott）、都築ヒカリ、長門明里［B★side］、吉田美幸（五十音順）

制作スタッフ

デザイン／ragtime
編集・構成／池戸里奈
執筆／山崎永美子
小説／眞波蒼
イラスト／シス
編集協力／「ニコラ」編集部（新潮社）、相原彩乃、北村有紀、黒澤鮎見、舘野千加子、
原郷真里子、藤巻志帆佳、関谷由香理
DTP／四国写研

※本書は、雑誌『ニコラ』2020年4月号～2025年3月号掲載の記事を再編集して制作しています。

コミュニケーションのヒント 第3章 恋愛編

ニコラ学園恋物語

おまけ 学校かわいいレシピ

目次

放課後相談室

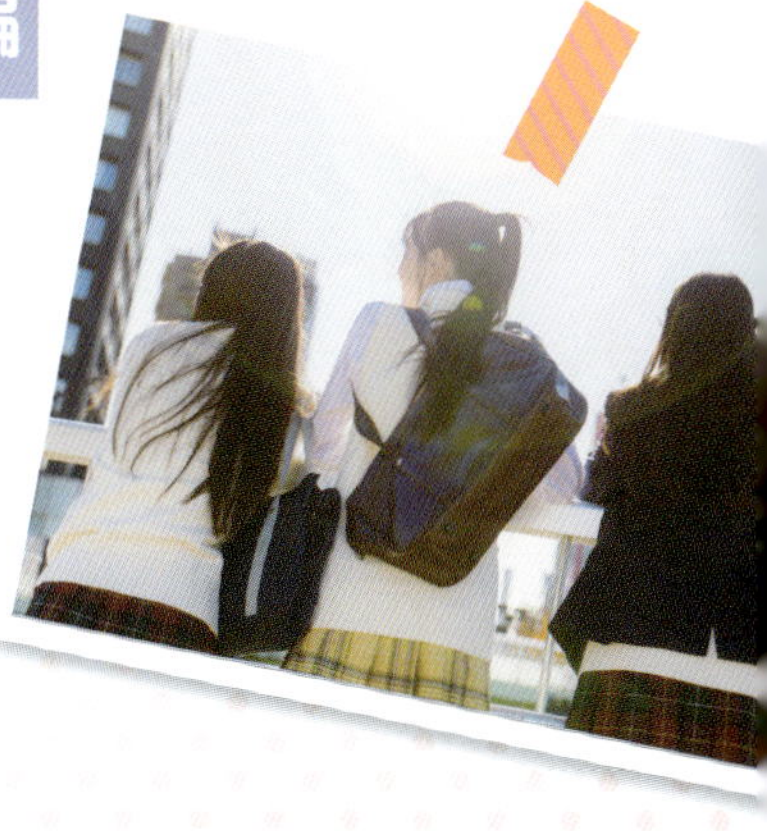

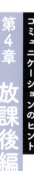

コミュニケーションのヒント

第1章 進級・進学編

moving up a grade

新しい環境が始まって、とまどうことが多い新学期。はじめましてのあいさつや、盛り上がる会話テクニックなど、困ったときに使える先輩たちのアドバイスを参考にしてみよう。

新学期
ザワ ザワ ザワ
新しいクラス緊張する〜
ドキドキ
リコ
あの動画見たー？
前の席の子たち盛り上がってるな〜
クルミ
すごく楽しそう！小学校から一緒なのかな？
休み時間
!!
ねぇ、リコちゃん
クルミちゃん…？
その筆箱、かわいいね♡どこで買ったの？

あ、スリコで買ったんだ
そうなんだ♡リコちゃんっておしゃれだね
あ、あの
なんでそんなに上手に話せるの?
本当は私、すごく緊張しいなんだ
だから楽しく会話できるように
自分的にいろいろと工夫してるんだ♪
そうだったんだ!
リコちゃんも、話すコツや便利なフレーズを覚えれば大丈夫だよ♪

コミュニケーションのヒント 進級・進学編

「はじめまして」あいさつの仕方

新しい環境でドキドキの「はじめまして」。コツさえマスターすれば、友だち作りのスタートダッシュも大成功!

新学期あいさつの気まずいあるあるを解決!

新学期初日

あるある1

「よろしくー」で会話が終了

あるある2

テンション高く話しかけてひかれた…

緊張《きんちょう》が原因《げんいん》のカラまわりを上手に回避《かいひ》しよう!

新しい学校や、新しいクラスで大事な第一印象《だいいちいんしょう》。笑顔で自己紹介まではよかったけど、緊張のあまり名前を言って終了しちゃってない? おたがいに「よろしく」だけだと、話が続かなくて気まずすぎる〜。だからと言って、テンション高く話しかけて、ドン引きされちゃうのも泣けるよね。ここでは、好感度《こうかんど》アップ&話がつながる「はじめまして」のあいさつについて教えちゃうよ。LINEでのあいさつもチェックしてね!

nicola

失敗しない！

基本の「はじめまして」あいさつ

まず最初に大事なのが身だしなみ。イケイケだと警戒《けいかい》されちゃうし、暗く見えるのもソンだよね。顔がよく見える整った髪型で、制服もシャキッと着こなして、清潔感《せいけつかん》のある明るい子って好印象《こういんしょう》を手に入れよう。あいさつの内容も、ハキハキした印象にするのが◎。自己紹介は名前だけじゃなく、部活や推し、「有名人の○○さんと同じ誕生日です！」など、覚えてもらいやすいキーワードを入れるのがポイントだよ。そして相手の自己紹介を聞いたら、「かわいい」「上手」「おしゃれ」の3大ほめワードを使って相手をよろこばせよう！

「はじめまして」は見た目も大事！
顔がよく見える髪型
自然な笑顔
制服は着くずさない
姿勢よく！

名前は大きな声でハッキリと言う

なにを言ってるかわからないと暗い印象に。せっかく用意したネタも台無《だいな》しだよ～！

誕生日や部活など覚えてもらいやすい内容を話に入れる

ここで共通点がある子とは話しやすいはず！具体的なネタをいっぱい盛りこんでおこう。

相手をほめるワードを盛りこむ

たとえば…

＼筆箱かわいい～／

＼ポーチおしゃれ♡／

＼ヘアアレ上手だね／

ほめられてイヤな人はいないよ。定番フレーズの「筆箱かわいい～♡」から声かけスタート！

コレさえ覚えておけば安心！

新学期あいさつネタ

新しいクラスで自己紹介の次に使いたいあいさつネタとして、一番当たりさわりなく、誰が相手でも通用するのが「担任の先生誰だろうね？」です。さらにもう一歩ふみこんで友だち作りを進めたい子は、推しを聞いてみるのもおすすめ。ここで推しが一緒なら盛り上がるし、その推しのことを知らなくても「どんな人（キャラ）？」とか深ぼれるから、仲がグッと深まるはずだよ。ほかにもおたがいに呼び名を決めるのも効果的《こうかてき》。「私は〇〇って呼ばれてるよ」と名乗っておけば、相手も言いやすいよ。いろんな角度からのネタで乗り切ろう！

〇〇先生がいいな〜♪

1「担任の先生誰かな〜？」

授業の話にも広げやすくておすすめ。新1年生は「先生、どんな人だろうね？」でOK！

推しとかいる〜？

2「推しとか好きなキャラクターいる？」

推しについては語りたい子も多いはず！　相手が語り始めたら、うなずきながら聞こう！

なんて呼んだらいい？
ユズって呼んでー!!

3「あだ名とかある？私は〇〇って呼ばれてるよ！」

呼び名が決まると、距離《きょり》が少し近づく感じがするよね。まわりから見ても楽しい印象《いんしょう》に♪

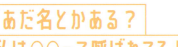

かわいすぎ〜

4「筆箱かわいい〜！どこで買ったの？」

持ち物をほめるのは超基本。筆箱やスクバのキーホなど、ほめる＆質問でトークが続く！

この動画
おもしろかったよね

5「○○○の動画見た？」

YouTubeやTikTokの話題は永遠に話せる！　相手の笑いのツボもわかって一石二鳥。

ニコニコ笑顔で♪

そもそも人見知りなら

声をかけられやすくなろう！

- ☑ 一人で過ごすタイミングがある
- ☑ テンションが高すぎず低すぎない

人《ひと》見《み》知《し》りさんでもふだんからニコニコしてれば、朝のホームルーム前や教室移動など、一人でいるときに話しかけてもらえるかも。

NG こんな子は話しかけにくい！

- 真剣に本を読んでいる
- うつむいている子
- ひじをついたりムスッとしている

タイミング別 LINE交換の一言

中学生になってスマホを持ち始めた子も多いよね。スマホで友だちとの連絡に欠かせないのがLINE。でもLINE交換ってタイミングがむずかしい……。中学生の多くが「始業式当日」、「ある程度《ていど》仲よくなってから」、そして「クラスグループができてから追加」の3つのタイミングでLINE交換しているみたい。ちなみに、好印象《こういんしょう》なプロフィール画像は、小さいころの写真やペットの写真って声が多数。逆に加工が強すぎるアイコンだと誰かわからなくて、はじめましてのLINE交換には不向きかも。

タイミング1

始業式当日なら

「LINEやってたら交換しない？」

「明日から一緒に学校行こー！」

明日からの学校生活を一緒に楽しく送ろうよ！　ってノリで交換するのが一番自然な流れ。

タイミング2

仲よくなってからなら

「もっと話したいからLINEしようよ！」

「今度遊びに行きたいからLINE教えてー」

遊びに行くためにはLINE交換しとくと便利。「もっと話したい」は相手もうれしいはず！

タイミング3

クラスグループができてから追加するなら

「グループLINEから追加してもいい？」

「アイコンかわいいなと思って追加しちゃった」

一方的な追加にならないように、追加の前後に一言メッセージを送るのがマナーだよ！

よろしくね LINEの OKトーク＆NGトーク

LINEしはじめの友だちと仲よくなっていくには、トークの内容と、送るタイミングの両方が大切。あっさり「よろしくね」だけだと冷たい印象を与えちゃうから、「今日、〇〇できて楽しかったよ」と、うれしかった感想や感謝を送るのが◎。これなら相手もゴキゲンで返しやすいよね。さらに返信のペースも、自分ばかり盛り上がって即レスだと、相手にとっては「ちょっと連発しすぎ〜」って負担に感じることがあるから、相手が返信にどのくらい時間をかけてるかを見て、同じくらい間をあけて返信するのがおすすめだよ。

NGトーク例

「よろしく」だけしか送らない

NG

よろしくね！

よろしくー

「よろしく」だけだと、もう会話を続けたくないんだな〜って感じがして、話の進展は望めない…。

返信のタイミングが相手と合っていない

NG

16:00 はじめまして！ これからよろしくね♡

よろしくね 18:30

18:35 〇〇ちゃんって何部なの？ 仲よくなりたいから色々教えて〜♪

バスケ部だよ 20:20

20:31 すごーい！ 試合とかあるの？

相手が返信に時間をかけてるのに対して、5〜10分後に返信だと、ちょっと負担に感じるかも。

OKトーク例

OK まずはお礼から！

16:00 追加したよ!! 今日は話せて楽しかった！

よろしくね！ こちらこそ楽しかったー!! 16:30

OK スタンプなどで会話を広げる

17:00

17:01 このスタンプかわいくない？ お気に入りなのー!!

何これ！ かわい〜♡ 私のお気に入りはこれ（笑） 18:00

18:02

OK 相手に返信のペースに合わせる

19:00 え〜！（笑） これ好きなの意外！

スタンプとかでちょこっと小ネタもはさみつつ、会話のテンポを相手にあわせるとGOOD！

コレでバッチ

コミュニケーションのヒント　進級・進学編

新学期に使える便利フレーズ集

新学期に、あんまり知らない友だちともスムーズに話せる便利フレーズ集。もう気まずい空気は流しません！

話すことがなくて気まずーい
髪型かわいいね
便利フレーズを知ってれば大丈夫！
なんて呼んだらいい？

便利フレーズを使って無言《むごん》の空間から脱出《だっしゅつ》だ！

あんまり話したことのない友だちと仲よくしたいけど、なにを話していいかわからなくて気まずい空気が流れちゃうこと、あるよね。でも、そんなときに使える便利フレーズをいくつかかくし持っておくだけで、そんなこまったシチュエーションでもスムーズに会話が進むよ！　この便利フレーズはめっちゃ簡単だから、人見知《ひとみし》りでふだんから人に話しかけるのがニガテって子にとっても、きっと味方《みかた》になってくれるはず！

便利フレーズを使うと いいことがたくさん！

新学期に使える便利フレーズを使って、第一印象《だいいちいんしょう》をアップしよう！　話しやすい子だなって好印象を持ってもらえるはずだよ。また、そんな子には友だちが自然と集まってくるから、いつも友だちにかこまれてる♡っていう、ハッピーな新学期がスタートできちゃう。さらに、この便利フレーズは部活や委員会の先輩&後輩とのトークにも使えちゃうのがうれしいポイント。先輩にはちゃんと敬語を使いながら、後輩にはフレンドリーな雰囲気《ふんいき》で使ってみてね。まずは、明るく「よろしくね！」と相手の持ち物ほめることからはじめてみて。

「フレンドリー」っていう印象を持たれる

最初は自分から話しかけてみよう。親しみやすい印象をもたれたら、相手も話しかけやすくなるよ。

先輩や後輩から好かれやすい！

誰とでも楽しい会話ができる子なら、学年を超《こ》えた部活などの活動もうまくいくはず！

友だちが自然と集まる

「この子といたら会話にこまらない」と信頼《しんらい》されたら大成功。友だちが自然とよってくるよ。

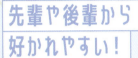

こまったシーンで使える！ お助けフレーズ

ちょっと気まずく感じても、表情に不満《ふまん》が出ちゃうのはNG！ めんどうな子とか、怖そうだなとか、ネガティブな印象《いんしょう》をもたれちゃうよ。そんな場合は、その空気を乗り切るお助けフレーズとともに、こまってるならきちんとNOを伝えること！ たとえば、ちょっとイヤなあだ名で呼ばれたら、「〇〇って呼んで〜」って笑顔で修正しちゃうとか。ほかにも、深い話ができるほど信頼関係《しんらいかんけい》をきずけてない子から、「好きな人いる？」って聞かれたときに、言いたくないなら「いないけど、ほしいな〜」とノリを合わせてスルー！

シーン1

自分の知らない話題で盛り上がっている

「それ、気になってたんだよね！」

「お手洗い行ってくるね〜」

気になってたの！

くわしくはないけど気になってました感を出すか、ムリせず自然に立ちさるかの二択《にたく》で！

シーン2

ミナミって呼んでね♪

ちょっとイヤなあだ名で呼ばれた

「〇〇でいいよ！」

「やめてよ〜(笑)！ それなら〇〇って呼んで」

相手を否定《ひてい》せずに呼ばれたい名前を推す方法や、じょうだんっぽく「やめてよ〜」と止めにいくか！

シーン3

ウソとわかるお世辞を言われた

「ありがと、うれしい！」

「お世辞はほどほどにしてくださいな(笑)」

「お世辞《せじ》でもありがとう」っておおらかな気持ちで。笑いながら「お世辞はほどほどに」も◎。

かわいいね♡

シーン4

後輩がタメ口で話してくる

「後輩は敬語のほうがかわいいよ♡」

みんなに注意する

強く怒ると仲がこじれるけど、後輩全員にむかってやさしく指《し》導《どう》すれば、カドが立たないよ。

シーン5

小学校で仲よかった子の悪口をいわれた…

「へえ～」と流す

「この間、こういうことしてくれたよ」

その子のいいところを伝えたり、軽く受け流したりしよう。絶対に同意はしないこと！

恋バナは王道トークだから輪には入ってたいけど、ネタは持ってませ～んアピールで！

シーン6

まだあんまり仲よくないけど恋バナをふられた！

「好きな人はいないの。うらやまし～！」

会話につまったときに使える！
とっさのフレーズ

いい感じに話してたんだけど、話題がなくなってシーンとしちゃった…。そんなとき気まずいのはおたがい同じだから心配しなくても大丈夫！相手もこまってると思うから、とっさのお助けフレーズで場をなごませよう。そこでおすすめなのが、ピンチはチャンスととらえて、相手と距離《きょり》を縮《ちぢ》めちゃう作戦。「そういえば○○ちゃんって〜」からはじめて、相手のことをいっぱい聞きながら、時々は自分のこともはさんでいけば会話はどんどん続くはずだよ。逆にNGなのは、悪口で会話をつなごうとすること。印象《いんしょう》が悪くなるから絶対にダメ。

「緊張するね」と素直に言う

緊張《きんちょう》する気持ちによりそって「私もだよ」って共感することで、親近感《しんきんかん》を持ってもらえる♡

みんな同じ気持ちだから大丈夫♡

「そういえば」で相手のことを聞く

たとえば

- ☑ 髪型かわいいね！
- ☑ 誕生日いつ？
- ☑ きょうだいはいる？

この言葉を前置きすれば質問の突然感《とつぜんかん》は消えるし、前から聞きたかった感も出てGOOD。

「○○ちゃんはどう？」と近くの子を巻きこむ

会話する人数が増えると話題も盛り上がりやすくなる。友だちの輪も広がるしね！

友だちは増えるし盛り上がる！

CMの曲とか
みんなが知ってる曲を
選ぼう

それでもこまったら!

歌う!

いきなり歌!?　って思うかもしれないけど案外なごむよ。有名なCMソングや流行曲がおすすめ!

「話すことなくなっちゃったね」
とそのまま言っちゃう!

逆にくすっと笑えるこの瞬間、二人の間には安心感が誕生♡　素直な言葉は好感度《こうかんど》高いよ。

逆に笑いが起きるかも!

印象が悪くなるよ!

コレはやめておこう!

NGフレーズ

悪口やネガティブに聞こえるワードは、相手にイヤな印象を与えるから絶対言わないお約束!

「このクラスビミョー」

「担任ウザイ」

「前のクラスのほうがよかった…」

「学校サボりたい」

コミュニケーションのヒント　進級・進学編

相手別こまったときの会話テク

新しいクラスでなにを話せばいいかわからない!ってピンチのときこそ、この便利な会話テクを思い出して!

相手別に使える会話テクが新しい環境でお守りになる

新しい友だちとあいさつやとりあえずの会話はできた!　でもその次の言葉が出てこな～い!　マイペースにどんどん話しかけられるならいいけど、私はムリって子も多いと思うの。ここでは、そんなピンチを救う会話テクを相手別に教えるよ。相手が席が近い子の場合、緊張《きんちょう》してる子の場合、声をかけてきてくれた子の場合という代表的な3パターンをピックアップ。相手のタイプがちがうと、戦略《せんりゃく》も変わってくるよ!

席が近くの子には…
ほめポイントを探そう！

席が近い子とは話すチャンスがいっぱいあるけど、そのぶん、ネタがつきちゃうって悩《なや》みもあるよね。でも、近い席だからこそ気づける「ほめポイント」がかならずあるはず！　そこを深ぼりしてみよう。まずは、はだや髪、笑顔などのビジュアル、次にその子が使ってる筆箱やリュックなどの持ち物、さらにちょっと攻めて、目には見えない「印《いん》象《しょう》」をほめるってテクまでパターンはさまざま。どれもうわべだけでほめると、それが相手に伝わって逆効果なこともあるから、本当に思ってることを素直に、笑顔&リアクション大きめで表現しよう！

ほめられてうれしくない子はいないよ♪

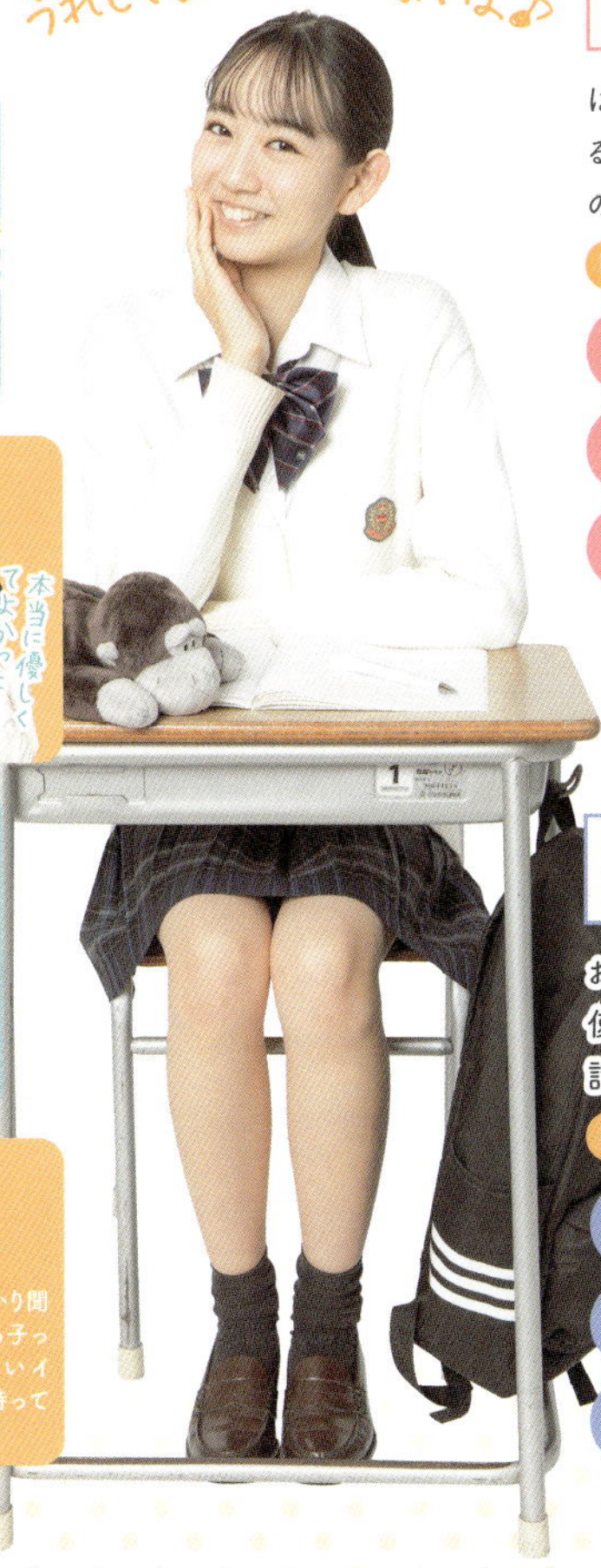

印象をほめる

「〇〇ちゃんて頭よさそうだよね」

勉強は共通の話題。教え合いっこするチャンスにつなげよう！

「優しそうだから声かけやすくて」

これを言われてうれしくない子はいないはず。自分の印象もアップするよ。

「足速そう!!」

体育が得意そうな子は、ノリよくほめられると会話が盛り上がる説！

「声かわいいね！」

話をしっかり聞いてくれる子っていういいイメージも持ってもらえるよ。

見た目をほめる

はだや髪のきれいさは、相手をほめる王道ポイント。「どんなケアしてるの？」など、どんどん続けて！

ほめやすいパーツ	たとえばこうほめる！
髪	・髪きれいだね♡ ・おくれ毛かわいい！
はだ	・はだツヤツヤだね！ ・美白うらやまし～
笑顔	・笑顔かわいい～！ ・えくぼいいな♪

大切なのは心をこめること！

持ち物をほめる

おそろいのものがあったら、「私も使ってるよ♪　どこで買ったの？」と話を広げてもいいね。

ほめやすい持ち物	たとえばこうほめる！
リュック	・はじめて見るブランド！ ・キーホかわいいね
ポーチ	・いろいろ教えてほしいな ・女子力高いね！
ペン類	・色かわいいね♡ ・書きやすそう！

緊張している子には…
相手が答えやすい質問をしよう！

よし、話しかけるぞ！　と近づいたら、その子がガチガチに緊張《きんちょう》していた場合。そこで自分まで緊張してきて終了…なんてことのないように、準備してから声かけするのが大事。友だち関係で一番大切なのが「相手への思いやり」です。この場合は、緊張をほぐしてあげるのが「思いやり」だよ。相手も話すのがイヤなわけではなく、ただ人見知《ひとみし》りだったり、自分から話しかけるのが苦手だったりってことがほとんど。まずは相手の気持ちによりそい、簡単な世間《せけん》話《ばなし》からはじめて、トークの温度を少しずつ上げていくのがおすすめだよ。

緊張をほぐしてあげることが大切！
めっちゃ緊張してるやーん
相手が緊張しているのは人見知りが原因のひとつ。さけているわけじゃないから大丈夫！

1
自分から話しかけるぞ!!
よっしゃ！

2
ガチ
ガチ

緊張している子あるある

★ 話しかけられるだけでもうれしいから、声をかけてもマイナスにはならない！

★ 話しかけたら意外と話してくれる

まったくの無口さんは少なくて、実は相手からの行動を待っている子がほとんど。勇気を持って話しかけてみて！

そう思えば話しかけやすいかも♪

おすすめの話しかけ方

世間話からはじめる

「次の授業なんだっけ？」など、答えが決まってる質問なら返しやすい！　そこから相手の壁をくずしていこう。

おすすめの話しかけ方

自分の緊張を伝える

おたがいにガチガチだと、ちょっと笑えてくるよね。その安心感のシェアが、ガードをゆるめるきっかけに！

おすすめの話しかけ方

推しについて聞く

持ち物のちょっとした特徴《とくちょう》を見きわめて、推しを聞き出すテクニック。推しは人の心をつなぐ！

おすすめきっかけ	たとえばこう聞く！
グッズを持っていた	・もしかしてK-POP好き？ ・〇〇推し？私も！
文房具の色がそろってる	・ピンク好きなの？もしかしてピンク系のキャラ好き？ ・ピンク多いのってもしかして推しのメンカラがピンク？

明るく声をかけてくれた子には…

オウム返し&話題を変える

グイグイきてくれる友だちって、ありがたいと思う一方で、正直緊張《きんちょう》しちゃう〜って子もいるよね。あせると会話が頭に入ってこなくなっちゃうから、ポイントは自分がとにかくテンパらないこと。まずは相手にほめられたことを「〇〇ちゃんもね！」と返してみて。された質問を相手にも聞く「オウム返し作戦」や、「そういえば〜」と話しやすい話題に切りかえたりするのもアリ。相手の子が話を盛り上げてくれるし、こっちが的外《まとはず》れなことを言っても笑ってくれるから、「がんばって話題を作らなきゃ！」って気負《きお》う必要はないよ。

クラスの子が話しかけてくれた
ねぇねぇ
はいっ
1

ストレートに接してOK！

でも緊張しすぎて話が頭に残らん…
2

このタイプの友だちは自分がテンパらなければ話が続くから、怖がらなくてOKだよ。

社交的な子あるある

- がんばらなくても盛り上げてくれる
- 話しかけたらたくさん話してくれる

社交的《しゃこうてき》な友だちは仕切るのも、会話に乗ってくるのも上手！
がんばらなきゃの気持ちを捨《す》てて気楽にからんでいこう。

気楽にいけば大丈夫！

友だち
「マンガ好き？」
自分
「好き！
○○ちゃんは？」

おすすめの返答

質問されたら
同じ質問を返す！

聞いてきた内容はその子の得意分野の可能性大。相手にも聞き返すと盛り上がるはず！

おすすめの返答

ほめられたら
かわいい返しスタート

ほめられたら、ほめ返すのが基本。自然と笑顔があふれて、ハッピーな空気が流れるよ！

ヘアアレかわいいね
ミユウちゃんも
髪サラサラ〜

そうそう、
暑いといえばさ〜
(なんでも
ひろってくれる!!)

おすすめの返答

「そういえば」で
まったくちがう会話にする！

「そういえば」のフレーズは話を聞いてます感を出しつつ、ちがう話題に切りかえられて便利。簡単に答えられる話題にしても。

おすすめネタ	たとえばこう言う！
気温	・今日寒すぎない？ ・明日暑くなるらしいよ
授業	・あの先生わかりやすいよね ・あの先生ってどんなかんじ？
相手のこと	・血液型なに〜？ ・どこに住んでるの？

コミュニケーションのヒント　進級・進学編

中学デビュー成功テクニック

小学校とは環境も常識もガラッと変わる中学校生活。ここでは、不安を抱えるみんなのJCデビューを応援するよ！

不安をなくして楽しい中学生活をスタートさせよう！

なんとなくモヤモヤ…中学への不安を解消しよう

中学生になると、ひたすら自由だった小学校時代と生活が大きく変わってくるよ。正直、勉強も人間関係も大変なことが増える…、そんなウワサを聞いてちょっと不安に感じてる子もいるよね。でも大丈夫、その心配を一気に解消しよう！　ここでは、中学生活を楽しくスタートさせるための極意《ごくい》を伝授《でんじゅ》。ポイントさえつかめれば心配することはないよ。あこがれてた中学生活の青春をはじめよう！

nicola

中学生活は小学校とガラッと変わるよ

自由を満きつしていた小学校生活はもう終わり。中学校ではのんびりもしてられないのが現実です。ほかの小学校から新しい友だちが合流するだけじゃなく、思春期《ししゅんき》ってこともあって仲よく遊んでた男子と距離《きょり》を感じるようになることも。さらに勉強はむずかしくなって定期テストで成績も決まっちゃうし、部活が始まって先輩っていう未知《みち》の存在も出現するしで、もうどうなっちゃってるの状態！　でも、そんな不安を余裕で超えちゃうくらい中学校って楽しい場所なんだよ。小学校と中学校のちがいを理解して楽しい新生活にそなえよう。

入学式の朝

新中1・ユナ
中学になったらおしゃれになって
彼氏ができて毎日楽しくて…
むにゃ
むにゃ
1

ユナの姉・カホ
お〜春は眠いね
まだ寝てる！ミオコちゃん来ちゃったよ
2

ユナの親友・ミオコ
おはよう！
ちょっとたるんでるけど平気？
中学生活ヤバイよ？
3

大丈夫でしょ！
お姉ちゃんもいるし！
4

校則きびしいし、テストのやり方も変わるし…
私は不安しかないけど
5

そう、小学校と全然ちがうんだから！！
今すぐ準備しないと間に合わないよ！
6

えー!! どうしよう！
7

中学生になって ビックリしたことランキング 先輩に聞いた！

BEST

1. 校則がある
2. 先輩・後輩の上下関係
3. 勉強がむずかしい
4. 教科ごとに先生が変わる
5. 授業時間が長い

友だちづくりデビューテクニック

小学校時代に仲よかった子と同じクラスになれるとはかぎらない！　それに、もし知っている友だちと一緒だったとしても、やっぱり新しい友だちは作りたいよね。ドキドキしちゃうと思うけど、落ち着いてまわりを見まわして、まずは自分と合いそうな子を見つけることからスタートしよう。「この子！」って決めたら、勇気を出して声をかけるのみ。ここで待っていたら、友だち作りの輪に入りそびれちゃうこともあるよ。自己紹介からはじめる、相手をほめる、たくさん質問するなど王道テクニックを使って積極的に行動してみて！

STEP 1　まずは友だちになれそうな子を見つけよう

あ！
同じ筆箱の子だ！

明るくて印象《いんしょう》のいい子や、人が集まってる子、共通の話題のある子がねらい目。席が近い子に自己紹介してもいいね。

- 明るくて笑顔の子
- 共通の趣味がある子
- まわりに人が集まってる子
- まずは席が近い子！

STEP 2　勇気を出して声をかけてみよう！

まずは相手や持ち物をほめてみたり、自己紹介からはじめてみるのが第一歩！　緊張《きんちょう》してても笑顔は忘れずにね。

Point 01
目を見て笑顔で！

Point 02
相手のことを知ろうとする

先輩たちの体験談

話しかけられるのをただ待っていたら、あとから話しかけづらくなって後悔したよ

一人のときをねらったよ

相手をほめた！

「ここで話さないと友だちになれない！」と思って話しかけた！

一緒だね～？
それ私も使ってるよ！
その色もかわいいね

男子づきあいデビューテクニック

小学校時代に一緒に遊んでた男子が、中学に入ると急によそよそしくなるのは中学校あるある！　どうやら「女子と話してると、ほかの男子からひやかされるから」っていう男子側の裏事情があるみたい。思《し》春《しゅん》期《き》ってむずかしい〜。とはいえ、青春したいウチらにとって男子と話せない学校生活なんて夢も希望もないよね。きっと女子と話したいと思ってる男子も多いはずだから、男子と自然に話せる話題をインプットして、話しやすい女子のイメージを手に入れよう。逆に女子グループで大さわぎしてると、男子からさけられがちだから注意して。

中学生になると男子づきあいがこう変わる！

中1男子は特に女子を意識しちゃう傾向《けいこう》にあるみたい。それでも男女で協力する行事などは接近《せっきん》するチャンス！

- 話したり、遊んだりしなくなる
- いきなり苗字呼びになる
- 敬語を使ってくる

女子と話していると
ほかの男子から
ひやかされるんだって

男子からさけられがちなNG行動

女子だけでかたまる

ただでさえ女子が苦手な男子たち。女子の集団は「ムリのかたまり」らしいって覚えとこ。

ギャーギャーさわいでうるさい！

「見て、私たち目立ってるでしょ！」って思うかもしれないけど、それはただの悪目立ち。

男子とはこんな話題が話しやすいよ！

席が近かったり、班が同じの男子には自然に話しかけられるよね。まずは授業のことが相手も答えやすくて◎。

授業ネタ

「ここの部分、教えて！」

「黒板の文字、なんて書いてあった？」

ハヤリものネタ

「好きなYouTuberは？」

小学校ネタ

「どこの小学校？　○○くん知ってる？」

教えてくれる？
いいよ

先輩づきあいデビューテクニック

中学に足を一歩ふみ入れたら、中学2年生以上の生徒は全員先輩。小学校のときに仲がよかったり、今でも遊んでる年上の友だちも、学校の中では「先輩」として対応しておいた方が安心だよ。というのも、本人たちは気にしていなくても、まわりの先輩たちの目がきびしいから。同じように、気やすく先輩のクラスに遊びに行ったり、タメ口をきいたりするのもNG！ そう聞くと「先輩＝こわい人」って思うかもしれないけど、明るいあいさつと敬語、礼儀《れいぎ》ができていればこわくないよ。かわいがられる後輩になったら中学がもっと楽しくなる♪

教訓-1 先輩のフロアには立ち入らない！

中学校では用事がないかぎり、他学年の階に行かないように！ 後輩ってだけで目立つよ～。

教訓-2 中学では年上の友だちも先輩になる

帰り道

本人たちは「今までどおりにタメ口で」と決めてたとしても、まわりの目はかなりきびしい！

ほかにもこんなことを意識して！

- 積極的にあいさつ
- わからないことはドンドン聞く
- 先輩の指示は必ず実行
- 元気に素直に、まっすぐ！

教訓-3 あいさつ、礼儀、敬語

先輩がいたら自分から笑顔であいさつ。お礼や敬語の言葉もきちんとして、好印象《こういんしょう》をゲット！

部活の先輩とすれちがうとき

勉強デビューテクニック

小学校までは成績がよかったのに、中学に入ったら勉強についていけなくなるというのは本当によくある話。勉強は積み重ねが重要だから、特に中学1年からつまずくと中学、さらには高校までずっと勉強で苦しむことも…！ そうならないためには、授業でわからない部分は、先生に質問するなどしてその日のうちに解決すること。予習と復習を習慣《しゅうかん》化《か》して、授業中により多く理解できるように工夫しよう。そして成績の大半《たいはん》をしめる定期テストはしっかりと計画を立てて、ムリなく進めることが大事。授業中に寝ちゃうなんて論外《ろんがい》だよ〜。

予習・復習をすれば大丈夫

予習する

はじめて学ぶ単元も予習をしておけば授業がすんなり入ってきて、理解しやすくなる！

復習する

学んだ内容を定着《ていちゃく》させるのが復習の役割。夜がいそがしいなら休み時間にやってもよき！

中学で勉強はこう変わる！

授業が次々と進んでついていくのが大変なうえ、定期テストで成績の大部分が決まっちゃうよ。

- 授業のスピードが速い！
- ノートをとるスピードもUP！
- 中間テスト、期末テストといった定期テストで成績の大半が決まる。しかもテスト範囲が広い！

定期テストでしっかり点をとるためのコツ

テスト前に見直せるノートを作る

毎日の復習がてら、その日の要点をノートにまとめておくと役立つ！

わからないところは、その日のうちに解決

「わからない」をためこむと、テスト前に脳内が大渋滞《だいじゅうたい》しちゃうよ〜。

テスト勉強は2週間前から

小学校のようにノー勉で高得点♪なんて絶対ないから、計画的にね！

テスト勉強前にワークは終わらせる

ワークで見直しを先に終わらせてから、テスト勉強に集中しよう。

なみグッズをチェンジ

中学校は基本的に制服だから、持ち物で個性やイケ感を出す子が多いよ。最初から、おしゃれでかわいい子って思ってもらえるように、持ち物を中学生仕様にアップデートしよう！　まずは、みんなから見られる機会が多い授業で使う「筆箱&文具」。小学校時代はカラフルでキャラクターがいっぱいなのが人気だったけど、中学校に入るとシンプルがおしゃれの定番に。また、イケ女子のキーワードである「身だしなみグッズ」を充実させるのも、JCになったらやっておきたいこと！

筆箱編

中学生の筆箱は使いやすさ重視になって、ビジュアルはシンプルかつ中身は必要最低限《ひつようさいていげん》に。世界観の統一がポイント。

ノートはケイ線タイプが◎

小6時代の筆箱

キャラもののペンやリップ形の消しゴムなど、1個1個がかわいいのが大事だった時代。

シンプル系で統一しよう！

コンパクトでシンプルな筆箱

定規は透明がイケてみえる!

ケット多めのクリアファイルが役立つ!

修正テープもおすすめ

蛍光マーカーは必須

カラーペンはキャラものひかえめに

シャーペンは0.3と0.5両方あると便利

コレならおしゃれな子って思われそう♡

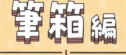

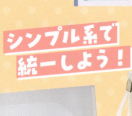

中学生になったら 筆箱&身だし

身だしなみグッズ編

持ち物のデザインを大人っぽくアッ
プデート。日焼け止めやコームなど
もJCの必須アイテム。

バッグの中でかさばらないようにポーチにIN

小6時代の身だしなみグッズ

存在感大なポーチと身だしなみグッズ。中学ではポーチと制服ポッケに仕分けるよ。

女子力グッズは男子モテにも◎

目薬はポケットでもOk

日焼け止めはマスト！

コーム&ミニミラーはセットで！

リップクリーム

除菌スプレー

ハンドクリーム

大人っぽいタオルハンカチ♡

ティッシュはケースに入れよう！

校則を守りながら持ち物で差をつけよう！

コレもあると便利だよ！

アホ毛まとめ用のスティックと体育のあとに使える汗ふきシート。清《せい》潔感《けつかん》は死守《ししゅ》して！

まとめ髪スティック

汗ふきシート

コミュニケーションのヒント　進級・進学編

失敗しない部活の選び方

中学で初めてはじまる「部活」。部活が楽しいと青春できる♪　そんな新中1のみんなの部活の選び方、教えるね！

自分にぴったりの部活が見つかると中学生活がもっと楽しくなるよ！

選び方の流れを知って自分に合った部活を選ぼう！

「部活」って聞いても、今ひとつピンときてない中1諸君《しょくん》！　ここでは部活ってなに？　っていう疑問にはじまり、なぞ多き「仮入部」の真実から、勧誘《かんゆう》されたらどうすればいいの？　っていう不安、そして最終的な決め手についてまで、失敗しない部活選びをがっちりサポートするよ。自分にぴったりの部活を見つけて夢中になれれば、中学生活はぐっと充実するはず。まずはどんな部活があるか調べてみよう！

そもそも部活生活ってどんなかんじ？

JCの部活事情を探るべくニコラでアンケートを実施《じっし》！　結果、8割以上の子が部活に入っていることがわかったよ。部活は主に放課後や土日に活動していて、部活によって曜日が決まっているよ。道具やユニフォームなどが必要な場合も。塾《じゅく》や習い事の日と重なる場合に休めるかは、顧《こ》問《もん》の先生や先輩の考え方によるから、部活の説明会や仮入部のときに確認しよう。また、週末に試合やコンクールが入ることもあるから、活動曜日&土日のいそがしさの状況などを考えて、ムリなく活動できる部活を選ぼうね！

入っている部活は？

文化部

1. 吹奏楽部
2. 美術部
3. 家庭科部

吹奏楽部の人気が根強いよ！　文化部は、活動日が少ない部活も多いみたい。

運動部

1. テニス部
2. バドミントン部
3. 卓球部

ラケットを使う部活が人気みたい。上達《じょうたつ》すれば試合出場のチャンスも！

ニコラ読者の部活加入率

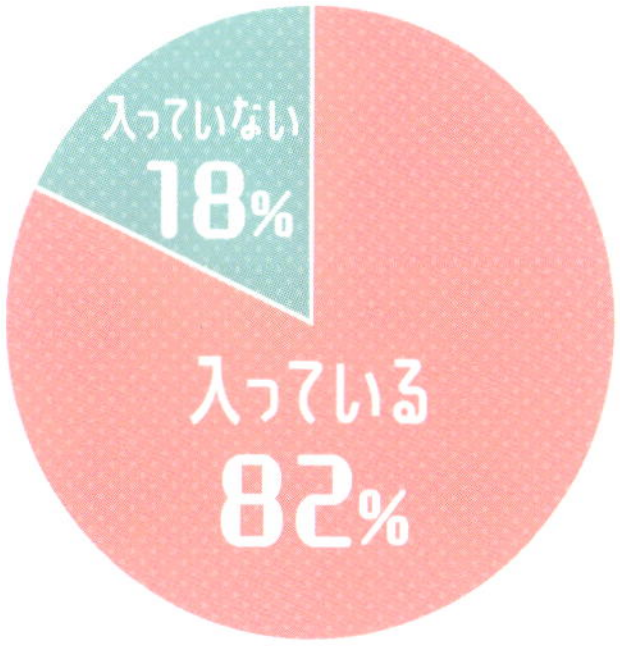

部活に興味《きょうみ》がなかったり、習い事や勉強優先の子以外は入部している傾向《けいこう》があるよ。

部活がある日のスケジュールは？

バスケ部レイナの一日

時刻	内容
7:00	起床・準備
8:00	登校
8:30	授業
15:30	部活
18:00	下校
18:30	夕食
19:15	自由時間
20:00	勉強
21:00	お風呂
21:30	スキンケア・就寝
22:00	

レイナ

週に4～5回練習、週末には試合があることも。団結力《だんけつりょく》もスゴくて、ガッツリ青春したい子に！

茶道部ミアンの一日

時刻	内容
6:30	起床・準備
7:50	登校
8:30	授業
15:30	部活
17:30	友だちと勉強
18:30	下校・休けい
19:30	勉強
20:20	夕食
21:00	お風呂・スキンケア
22:00	だらだら&寝る準備
	就寝
23:30	

ミアン

上下関係もほんわかしてたし、部活動の回数も少なかったから、いそがしい子におすすめ！

まずは仮入部でいろんな部活を体験！

部活を決めるうえでとても大事なのが「仮入部」の期間。その間、気になる部活をいくつかおためししてみて、部活の雰囲気《ふんいき》をはじめ、顧問《こもん》の先生や先輩とコミュニケーションがとれるか、取り組みたくなる内容か、現実的に続けられそうかなどを確認するよ。一度入部しちゃうとなかなか退部しづらいから、この仮入部期間でどの部活が自分に合うかをしっかりと判断することがとっても大切！ 不安なら友だちと一緒に行っても〇K。だけど最終的に入部するかどうかは、自分の気持ちを優先して決めようね。それが後悔しない一番の方法だよ！

仮入部ってなに？

入りたい部活を決めるために、正式に入部する前に見学したり、おためしで活動したりすること。通称《つうしょう》「仮入（かりにゅう）」と呼んでるよ！

持ち物は？

タオル　水分　メモ&ペン

文化部でも筋トレやランニングをすることがあるから、水分&タオルも持って行くといいかも！

どんなことをするの？

楽器をさわらせてもらったり、楽器の特徴を教えてもらったりしたよ！（吹奏楽部・こころちゃん）

ラケットの持ち方や、素《す》ぶりなどの基礎を教えてもらった。（ソフトテニス部・ゆめちゃん）

先輩がたてたお茶を飲ませてもらって基本的な作《さ》法《ほう》を教わったよ。（茶道部・あんなちゃん）

仮入部期間はココをチェックしよう！

☑ 先輩や顧問の雰囲気

聞きにくいことは
卒業生or他部の先輩へ！

仮入部期間の先生や先輩はやさしく、実際とちがうという意見も。入りたい部の本当の姿を他の部活で聞くのもテク。

☑ 活動ひんど

土日活動の有無や
遠征・大会について確認

平日だけでなく土日も練習や試合があったり、長期休みには合宿があることも。費用や予定の確認はマスト！

☑ 入部後に必要なもの

先輩に聞こう！
親への確認も忘れずに

部活によっては、入部後に自分で道具を買わなければならないから、かかる金額を聞いて親に相談しておこう。

先輩たちの仮入部データ

未経験でも大丈夫なんだ！

Q 入部のきっかけは？

1 好きなことだったから
2 先輩の雰囲気
3 部活紹介を見て

自分の趣味や、やってみたいことを優先していることがわかったよ。毎日のことだから、先輩たちの雰囲気も超大切！

Q 今の部活は入部前から経験あった？

約7割の子が未経験の部活に入っているみたい。初心者だからってあきらめなくてOK。

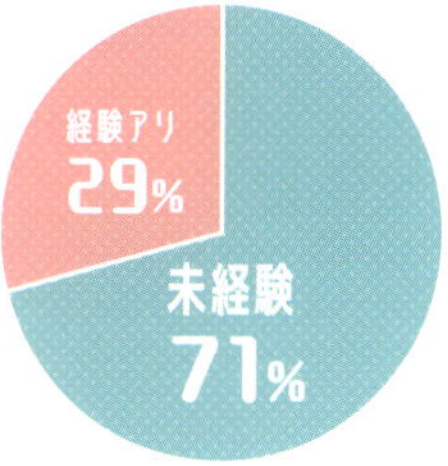

経験アリ 29%
未経験 71%

Q 仮入部は誰と行った？

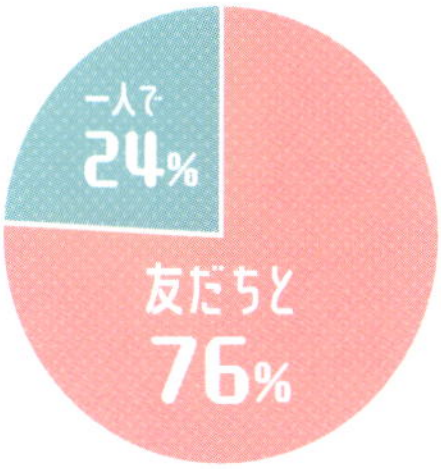

一人で 24%
友だちと 76%

不安だから友だちと一緒に行く子が多いけど、逆に仮入部で親友ができることもあるから一人でも大丈夫！

Q 仮入部はいくつ行った？

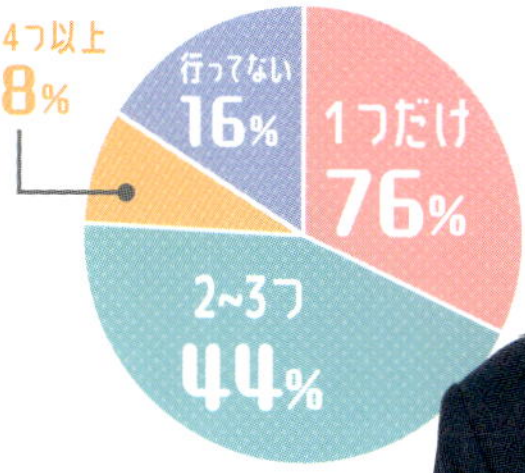

4つ以上 8%
行ってない 16%
1つだけ 76%
2~3つ 44%

気になる2～3個に仮入部する子が多いみたい。最初から1つにしぼって、それがよかったから決めたって子も。

約半分の子が2つ以上行ってるね

仮入部中に勧誘を受けることもあるよ

先輩たちは多くの新入生に自分の部活に興味《きょうみ》を持ってもらいたいから、仮入部期間は部への勧誘《かんゆう》をしまくることも！　でもさそわれる側としては、先輩のすすめを断るなんてちょっとこわいし、めっちゃ勇気がいるよね。だけどこの時期、先輩は断られることになれてるから大丈夫。断ったとしてもうらまれたり、目をつけられたりすることはないから安心してね。ただ、あいまいな断り方だと、先輩もさそい続けていいかまよっちゃうから、「ありがとうございます。せっかくなんですが…」と丁寧《ていねい》に、でもはっきり断るのがおたがいのためだよ。

1
今日の仮入部、一人で行くのちょっと不安だな

2
1年生だよね？
ダンス部大募集中！学年イチモテるのは絶対ダンス部！

3
卓球部はいいよ〜
日焼けしないし運動にもなる！ゆるい！最高！

4
今から仮入部きなよ！

5
えーどうしよう…断りたいけどなんて言えばいいの？

興味がないと素直に伝えてOK!

勧誘の上手な断り方

先輩に聞いたよ！

「〇〇部に入ります！」と宣言する

入りたい部活が決まっていることを伝えるのは、カドが立たない断り方。

「〇〇は苦手なので、他の部でエースめざします」

戦力にならないことや、もっと得意なジャンルがあることをアピールしよう。

勧誘の多い時間をさけて下校する

放課後の部活が始まるまでの勧誘ラッシュアワーで先輩に会わないように。

他の先輩やきょうだいから伝えてもらう

どうしても自分から断る勇気のない子は、他の人から断ってもらおう！

最後は自分が楽しめる部活を選ぼう

仲のいい子と同じ部活に入りたい気持ちはわかるけど、入部したら実際にやるのは自分自身。その部活や、先生&先輩との相性《あいしょう》が悪いと、たとえ仲のいい友だちがいたとしても苦しくなっちゃうかも。一緒に仮入部した友だちに悪いとか、友だちに強くさそわれてとかの理由で、合わないと感じている部活に入部するのもやめましょう。仮入部を一緒にしても、入部する子としない子が出てくるのはよくあること。だから友だちに気をつかわず、最後は「自分が楽しめるか」「3年間続けたいか」で決めるのが失敗しないコツだよ！

1

昨日のバスケ部の仮入部どうだった？

2

だからバスケ部にしようかなって！ 吹奏楽部、一緒に入れなくてごめん
楽しかった！

3

そっか！
私も吹奏楽部楽しかったからもう入部決めたんだ！
部活は別々になっちゃうけどおたがいがんばろうね！

どの部活に入るか悩んだら3年間やり続けられるか考えてみて！

先輩たちから部活選びアドバイス

From 剣道部先輩

つらいことを一緒に乗り越えてうれしいことを共有できる部活仲間は、クラスメイトより濃い関係性になれるよ！

From テニス部先輩

まよったけど、3年間やりとげられるのはここしかないと思って入部。結果、部活の仲間と最高に青春できました！

From バスケ部先輩

最初の大会でベンチで応援してたとき。3年生の先輩の「次はあんたたちの時代」という一言が心にしみて号泣した！

From 吹奏楽部先輩

コンクール前は夜まで学校に残って練習。金賞は取れなかったけど、中学生活最高の思い出になって青春できた！

ニコラ学園

放課後相談室

Counseling Room

人間関係のお悩み①

誰にも言えない悩みをこっそり話せる「放課後相談室」。友だちや部活仲間、好きな人との人間関係のお悩みに、生徒会メンバーが答えるよ！

生徒会メンバーが答えるよ！

ハルト　リコ　クルミ　リリ　アンナ　フタバ　コハナ

お願いされたら断れない…（中1・あゆちゃん）

お願い事を断ったら、きらわれちゃいそうで、「いいよ」っていつも引き受けちゃうの。イヤなことはイヤってはっきり言えるようになりたい！

【フタバ】私もたよられたら断れない性格だな。【コハナ】わかる。でもイヤなことを押しつけてくるなら、きっぱり断っていいと思う。たとえば面倒《めんどう》な当番を押しつけてくるとか。【フタバ】もし関係にヒビが入るのが心配なら、「ちょっといそがしくて」とか理由を言えば、相手も分かってくれるはず。【コハナ】いつも断るのが気まずいなら、たまにでもいいから気持ちを伝えてみよう。誰かのせいで自分が疲《つか》れちゃうほうがよくないと思う！【フタバ】うんうん、ストレスをためないように、言いたいことはしっかり伝えよう☆

イヤなことは勇気を出して断ろう

部長をやってみたい！
（中2・スアちゃん）

部長になって、部活のみんなをまとめられるようになりたい！　でも、部内には頭のいい子やコミュ力が高い子がいて、自分に部長になれるか不安なんだ。

マジメに取り組めば
みんな見ててくれるはず

【アンナ】新入生のころ、コハナちゃんに助けてもらったことがあるんだ。私が移動教室の場所がわからなくてこまっていたら、通りがかったコハナちゃんが教室まで連れて行ってくれたの。たよりになるなって思ったんだ♪【コハナ】そうだったね。実は私、リーダーとか苦手なの…。だから、後輩には何かを教えるというよりも、「がんばってる姿を見せる」ことを意識してるんだ。【アンナ】たしかに。一生懸命《いっしょうけんめい》な姿はみんな自然と見てるよね。【コハナ】スアちゃんが真剣に取り組めば、きっとみんなからの信頼《しんらい》が集まるんじゃないかな♪

友だちが推しをマネしてくる！
（中1・くーちゃん）

友だちが推しをマネしてくるから「やめて」って言いたいんだけど、微妙《びみょう》な雰囲気《ふんいき》になるのが気まずくて…。どうやって伝えたらいいかな？

好きな気持ちを大切に
適度な距離感を意識

【クルミ】その気持ちわかるな〜！【リコ】相手はマネしてるつもりはないかもしれないけど気になるよね…。【クルミ】私は相手のことをなるべく気にしないようにしてる。SNS投稿でのアピールが多いから、そういうのは見ないようにしたり！【リコ】推しを好きっていう気持ちは誰も止められないもんね。【クルミ】そうなの！　推しを好きになることは自由だから、「やめて」って伝えるよりもその子と距離《きょり》をとるほうがおたがいにとっていいと思う。【リコ】好きなものを大切にしつつ、SNSでもリアルでも適度な距離感がおすすめってことだね。

すぐ泣いてしまう自分を変えたい（中1・つむちゃん）

ちょっとした失敗とか、自分でも大したことないと思っていることで泣いてしまうのが恥ずかしい。でも、自然と涙は出てくるし…どうしたらいいんだろう。

こっそり泣ける場所を見つけておこう!

【アンナ】私も「泣いちゃダメだ」って思ってもこらえきれないことよくあるよ！　学校で「あ、泣きそう」ってなったときは、その場の雰囲気《ふんいき》を悪くしたくないから、トイレにかけこんじゃう。【リリ】特に新学期って心が不安定になりがちだしね。【アンナ】うんうん。泣いてるときって、理由を説明しようとするとさらに涙が出てくるから、一度思いっきり泣いたほうがいいと思う。スッキリしたら教室に戻ればいいし、保健室に行って先生と話すのもおすすめだよ。【リリ】思いっきり泣いたら「たいしたことなかったな」って思えるかもしれないよね。

ツンデレ男子と距離を縮めたい（中1・でんちゃん）

初めて好きになった人がちょっとツンデレ&俺さまキャラなの。しかも女子とあんまり話さないし、どうやったらふり向いてもらえるかな？

【アンナ】まずはあいさつからとか、勇気を出して話しかけに行くのが一番効果的《こうかてき》かな？　【ハルト】そうだね！　あいさつ以外でも、たとえば「○○くんはどう思う？」とか名前を呼ばれると意識しちゃうかも。【アンナ】複数人でいるときに名前を呼んだり、話をふるのは効果あるよね♡　【ハルト】あとは勉強のことを彼に聞きに行くのはどうかな。そっけない返事をされたとしてもめげちゃダメ！　そうやって少しずつ話せるようになったら、DMするのもいいんじゃないかな。【アンナ】なるほど、やっぱり行動に移すのが大事だね♪

時間をかけてめげずにアタック!

ずっと笑顔って悪いこと？（中3・ツバキちゃん）

私は生まれつき口角《こうかく》が上がっているから、ふつうに過ごしているつもりでも、まわりから「いつも笑っている」って思われてるみたい。この間は友だちから「今、笑うところ？」って言われて…少しショックだったんだ。

【リコ】悪いことなんて思わないよ～！【リリ】その友だちも、そこまで深い意味では言ってないんじゃないかな？【リコ】うんうん、笑顔でいられて、イヤな気分になる人はあまりいないもんね。【リリ】でも相手が怒ってるときや注意されてるとき、ケンカしたりしているときは、ちょっと気をつけた方がいいかもね。相手をかんちがいさせてしまうこともあるかもしれないから。【リコ】それ以外のときは、いつも笑顔でいるのはまったく問題ないと思うよ♡ めっちゃいいことだから安心してね！

いつも笑顔で
ぜんぜん問題ナシ♡

ゲーム好きってヘン？（中1・みわちゃん）

私は昔からゲームが大好き。でも私のまわりにはゲームをしている友だちはあまりいなくて、女子でゲームをするってヘンなのかな？

【リリ】私だってヒマな日はゲームやってるよ。もし「ゲーム好きって変わってる」って言われたら、「そう、私って変わってるの☆」って開き直っちゃうかも（笑）。【フタバ】それくらいの気持ちでいる方がいいよね。有名人を例に出したり、先輩とやってるんだ～って返すのもいいんじゃないかな？【リリ】ちなみにフタバちゃんはどんなゲームをやってるの？【フタバ】私はスプラトゥーンめっちゃやってる。【リリ】いいね、私も好きだよ！ 最近はフォートナイトにもハマってる♡【フタバ】うちらめっちゃゲーマーじゃん（笑）。

ヘンじゃないから
堂々としていて OK☆

ニコラ学園

楽しい学校生活

スタートブック

ずっと隣《となり》にいる きみへ

「ねぇ、コハナちゃん。いつになったら俺を彼氏にしてくれるの？」

あくびの途中に声をかけられたものだから、コハナの口からは「あふっ」という気の抜《ぬ》けるような声がこぼれた。朝からヘンなことを言うのはやめてほしい。

「まだそんなこと言ってるの、奏多《かなた》……」

「ずっと言い続けるよ。『俺はコハナちゃんのことが好きだ』って。俺だってもう中2だよ。ちゃんと『彼氏』になれるよ」

「それを決めるのは、あたし。そして、あたしはずっと断ってる」

「なんでダメなの？」

こんな平行線の議論を、コハナと奏多はずっと続けてきた。

2人は、幼《おさな》いころから同じマンション、同じフロアの「お隣さん」だ。昨年、とうとう身長は追い抜かれてしまったけれど、1つ年下の奏多はコハナにとって弟みたいな存在だ。

そんな奏多が、「俺と付き合って」とコハナに迫《せま》ってくるようになったのは、奏多が小学5年生になったころだった。「ぼく、大きくなったらコハナちゃんとケッ

コンする！」なんて、幼稚園《ようちえん》のころはよく言っていたけれど……まさか、中学受験したコハナを追って、奏多も同じ中学に入学してくるなんて、想定外だった。

「そりゃ、コハナのことが好きだから猛勉強《もうべんきょう》したんでしょ。わかりきってるじゃん」

朝の教室。クラスメイトで親友のフタバが、あっけらかんと言ってのける。

「そんなこと言っても、奏多は弟みたいなものなの！『付き合わない』ってずっと言ってるのに、どうしたらあきらめてくれるんだろ……」

「それ、奏多くんファンの女子が聞いたらガッツリ恨《うら》まれるよ、コハナ。奏多くん、子どものころからずーっとコハナひとすじなんでしょ？　一途《いちず》でいいじゃん」

「ムリ。奏多は家族みたいなもんだよ？　あいつ、子どものころはチビで泣き虫で、あたしがかばってあげてたくらいなんだから」

「だから、それは子どものころの話でしょ？　奏多くんも、コハナに振り向いてほしくて努力してるんじゃないの？　そこは認めてあげないとさ」

そう言われれば、フタバのほうが正しいような気がしてくる。けれど、それを認めるのは奏多の告白を受け入れるのと同じ意味になりそうで、簡単にはうなずくこ

とができない。

　無言をつらぬくコハナに、「だけどさ」と、やがてフタバが耳打ちしてきた。

「奏多くんのことをいいなって思ってる女子がいるのは、事実だよ。奏多くんは美術部の後輩《こうはい》だから、よくわかるの。このままコハナが奏多くんをほっとくなら、そのうち、ほかの女子にとられちゃうかもよ？　それでもいいの？」

「べつに、いいよ。そうなれば、奏多があたしにしつこく言い寄ってくることはなくなるわけだし」

「本当にいいの？　たとえば、わたしが奏多くんに告白しても、コハナはなんとも思わない？」

　その問いかけに、コハナは一瞬《いっしゅん》、絶句《ぜっく》した。たとえ話だと頭ではわかっていても、あまりにも予想外だったせいで――そして、そう言ったフタバがやけに真剣な瞳《ひとみ》をしていたせいで――さざ波が押し寄せたように、すべての思考が頭の中から流されてしまった。

「……べつに、いいよ」

さざ波が引いたあと、ようやくコハナは、先ほどと同じ言葉を口にした。

「フタバがそうしたいなら、そうすれば。とにかく、あたしは、奏多を恋愛《れんあい》対象としては見られないから。それは変わらないよ」

そう言った直後、チャイムが鳴った。フタバはあっさり、自分の席に戻《もど》っていく。

その背中を見送りながら、コハナは、フタバの言葉と表情の意味を考えていた。

それから数日後の、土曜日の夕方。部活を終えたコハナは、自転車で学校を出た。

マンションまであと10分の交差点で、信号が青に変わるのを待っていたときだ。

「……あれ？　奏多？」

コハナのいる場所から、通りをはさんだ反対側にあるファミレスの窓側の席に、コハナは奏多の姿《すがた》を見つけた。誰かと向かい合って座って、真剣な表情で何かを話している。その相手の横顔を見た瞬間《しゅんかん》、「えっ？」とコハナは目を見開いた。

ファミレスの窓辺の席で奏多と向かい合って座っているのは、コハナの親友、フタバだった。

「フタバが、なんで奏多と……」

信号が青に変わっても、コハナはファミレスの窓を見つめたまま、動けなかった。

奏多はいつになく真剣な表情で何か話していて、受け答えしている様子のフタバは、かすかに笑っている。かと思えば、唐突《とうとつ》に奏多がテーブルにつっぷした。どうしたんだろうとコハナが思った直後——奏多の頭に、ふわりとフタバの手がのった。

「あ……」

コハナの目の前で、フタバが奏多の頭にポンポンと触《ふ》れている。その光景を見たとたん、ドクッとコハナの心臓が跳《は》ね上《あ》がった。

歩行者信号が青く点滅《てんめつ》を始めていた交差点を、コハナは自転車で駆《か》け抜《ぬ》けた。

なに、あれ？　……なにあれ、なにあれなにあれ!?　あんなのまるで、恋人同士がすることだ。

——たとえば、わたしが奏多くんに告白しても、コハナはなんとも思わない？

フタバに尋《たず》ねられた言葉が、やけに真剣だったフタバの瞳《ひとみ》と一緒に思い出された。

まさか、あれから本当にフタバが奏多に告白したってこと？　それで2人が、付

き合い始めたってこと？

――いつになったら俺を彼氏にしてくれるの？

――ずっと言い続けるよ。「俺はコハナちゃんのことが好きだ」って。

「なによ……ぜんぶ、ウソなんじゃん……」

チクリと、針で刺《さ》されたように胸が痛んだ。


週明けから、コハナは登校時間を早めることにした。いつもと同じ時間に家を出れば、奏多と顔を合わせることになる。今は、どんな表情で何を話せばいいのか、わからなかった。

親友に真相を尋ねることもできないまま、モヤモヤばかりが、コハナの胸の中をおおってゆく。その感覚の正体が、コハナにはわからない。

弟のように思っていた奏多が、自分のもとから離《はな》れていこうとしていることに対する寂《さび》しさなのか。親友に秘密を作られたことへの悲しさなのか。あんなに自分のことを「好きだ」と言っていたクセに、あっさり心変わりしてしまった奏多に対す

る幻滅《げんめつ》なのか。その相手が自分の親友で、身近な2人がカップルになったことに動揺《どうよう》しているだけなのか。

「もう、わけわかんない……」

だから、気持ちが落ち着くまでは奏多に近づかないようにしようと決めた。スマホにくる連絡も無視し続けて、どれくらい経っただろう。その日の朝も、コハナはこれまでより30分早く家を出た。なのに、エレベーターで1階に下りたところで、「よう」と短く声をかけられて、コハナは固まった。そこには、奏多が待ち構えていた。

「1時間前から待ってて正解だった。なんで最近、登校時間をズラしてるの？ スマホも、ぜんぶ既読《きどく》スルーだし。なんで？」

尋《たず》ねてくる奏多の顔に、微笑《ほほえ》みはない。年下のクセに、目の前に立たれて視線を合わせようとすると、コハナの目線は自然と少し上を向く。

ずっと、あたしより背が低かったのに。とにかく泣き虫で、毎日メソメソしてたのに。でも、そんな「小さな奏多」の面影《おもかげ》は、もうどこにもない。なのに、どうしていつまでも、奏多は「弱虫な弟」のままだと思っていたんだろう。

「そうだよね。あたしと同じように、奏多だって、いつまでも子どもじゃないんだよね」

　だから、ちゃんと向き合わないといけない。手放す決意をしないといけない。

「奏多、フタバと……あたしの親友と、付き合ってるんでしょ。べつにあたしは奏多が誰と付き合ってもかまわないけど、相手がフタバだったから、ちょっとビックリしちゃって。……あ、誰かに聞いたとかじゃないよ。しばらく前に三丁目の交差点にあるファミレスで2人が仲よさそうに話してるところを、たまたま見て、それで知ったっていうか。とにかく、ビックリしすぎて、あたし、頭の中まだグチャグチャで、どんな顔したらいいのかわかんなかったの。だから、落ち着くまで1人になりたくて、それで——」

「なんで？」

　支離滅裂《しりめつれつ》になりつつあったコハナの言葉を、奏多がバッサリさえぎった。不意をつかれて言葉と一緒に息をのんだコハナに、ぐっと奏多が顔を近づけてくる。

「なんで、頭の中グチャグチャになったの？」

「え……」

「いつものコハナちゃんなら、自分の親友に彼氏ができたら喜ぶんじゃない？　でも、喜べなかった。そうでしょ？　それってさ……ヤキモチなんじゃない？」

「ヤキ、モチ……？」

　初めて聞いた言葉を繰り返すかのように、コハナはつぶやく。奏多はようやく、うっすらと笑みを浮かべて、コハナを見つめた。

「親友が俺と付き合ってるかもって考えて、コハナちゃんは親友にヤキモチやいたんだよ。それから、いつもコハナちゃんに『好きだ』って言ってた俺が親友を好きになったのかもって想像して、俺にヤキモチをやいた。違う？」

　じりじりと壁際《かべぎわ》に追《お》い詰《つ》められながら、コハナは必死に考えた。「違う！」と否《ひ》定《てい》することだって、できるはずなのに。ふだんなら絶対にそうしているのに。なのに今は、ノドの奥に言葉がからみついて、出てこない。

　そのとき、奏多がコハナの腕《うで》をつかんだ。優しく、だけど逃がさないというように、しっかりと。

「コハナちゃん、俺にヤキモチやいてくれたの？　それってさ——俺を、好きってこと？」

　その一言が、コハナの心臓をぞくっと震《ふる》えさせた。

「あ、あたしはっ……」

　あたしは、どう感じてた？　奏多を弟のように思っていた。でもその奏多が、毎日のように「好きだ」「付き合って」と言ってくるようになって、イヤだと思っていただろうか？

　……違う。イヤだと思ったことは一度もない。誰かから好かれることはうれしいし、それをずっと言葉にして伝えてくれることも、本当はうれしかった。

　そうだ、うれしかったんだ。あまりにも当たり前になっていて気づかなかっただけで、本当は、いつまでもそうやって慕《した》ってくれたらいいなと思っていた。きっとこれからもずっと近くにいるんだろうなと、なんの根拠《こんきょ》もないのに信じていた。

　だから、動揺《どうよう》したんだ。あたしだけに向けられてきた言葉が、フタバに向けられたんじゃないかと思って。奏多がもう二度と、あたしに「好きだ」って言ってくれ

ないんじゃないかって、そう思ったら寂《さび》しくて悲しくて苦しくて、ぽっかり胸に穴が空いたみたいになって、どうしようもなく、頭が混乱したんだ。

「あ、あたし……」

ノドの奥にからみついていた言葉が、少しずつ、声になる。

「あたし、奏多を……奏多が……」

腕をつかんでいた奏多の手が離《はな》れて、そっと、コハナの手に重なる。

「うん。ちゃんと言って？」

重なった手が、あたたかくて、大きい。

あぁもう、どうして……どうして、「弟」にしか見えていなかったんだろう。

「あたし――奏多のことが、好き……！」

そう言ったとたん、ノドにつっかえていたモノが、すぅっと消えたのがわかった。

ふわあっと、奏多が花の咲《さ》くように笑う。ドキッと、それを見たコハナの胸が小さく震えた。

「よかった……。俺の気持ち、やっと伝わった……！」

感動が伝わってくる口ぶりでそう言った奏多が、手を引いて、コハナを引き寄せようとする。けれど、コハナはぐいっと奏多の体を押《お》し戻《もど》した。

「待って待って、奏多！　それじゃあ、この前の土曜日、ファミレスでフタバと一緒にいたのは？　あれはなんだったの？」

すると奏多は、「あぁ」と、なんでもないふうに笑って答えた。

「小松崎《こまつざき》先輩は、俺が入ってる美術部の部長だし、コハナちゃんの親友でしょ？　だから、いろいろ話を聞いてもらってたんだ。俺が真剣だってこと、どうやったらコハナちゃんにわかってもらえるかとか。コハナちゃんがぜんぜん相手にしてくれないってヘコんでたら、なぐさめてくれてさ」

「それで、あのとき――」

――テーブルにつっぷした奏多の頭にフタバが触れていたのは、そういうことだったんだ。

コハナの頭の中でスルリと謎《なぞ》が解けたとき、「でも、そっか」と、奏多がワントーン明るくなった声をこぼした。

「あのときはヘコんでたけど、小松崎先輩と一緒にいたところをコハナちゃんが見かけて、俺のことが好きだって自覚してくれたんなら、先輩に相談したのは正解だったなぁ」

ひとりで納得したらしい奏多が、コハナの手を握《にぎ》りなおして恋人つなぎをする。

「俺、ずっとコハナちゃんのことが好きだって言ったでしょ。幼稚園《ようちえん》から、もう10年も好きなんだよ？　この気持ちはそう簡単に変わらないから、覚悟《かくご》して？『コハナちゃんと結婚する』って言ったことだって、ちゃんと覚えてるからね。だからコハナちゃんも、あきらめて、どんどん俺のこと好きになってね」

全身から力が抜けて、改めてコハナは自分をつかまえている手の温もりを感じた。

今だけは、「弟」じゃなくなった奏多の言葉に、ふわふわとしたこの気持ちを預けたいと思った。

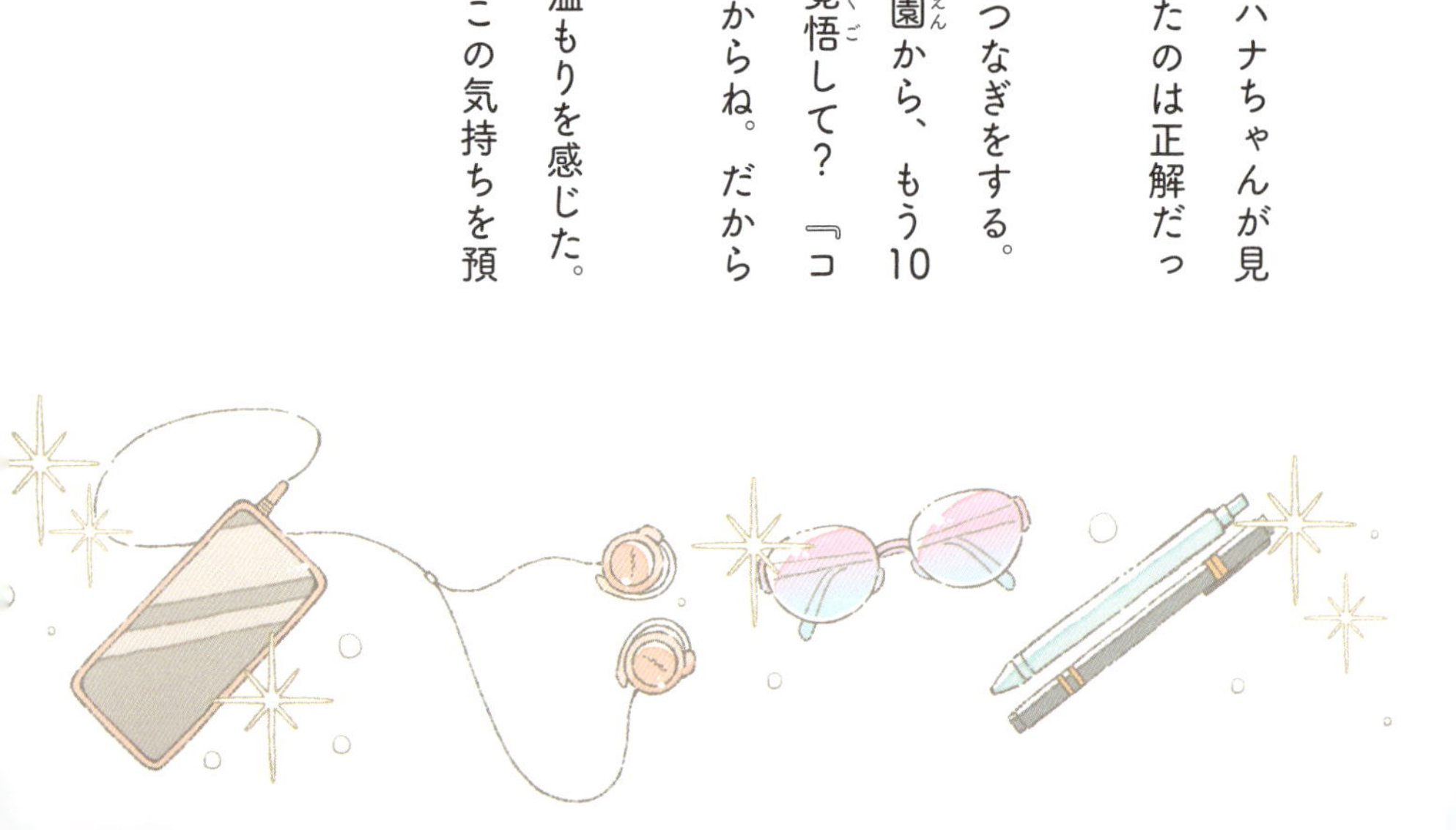

コミュニケーションのヒント

第2章 友だち編

friend

ハヤリの話題に乗れなかったり、相手の顔色をうかがって疲《つか》れてしまったり…楽しいぶん、悩みもつきない友だち関係。円滑《えんかつ》にコミュニケーションを取るためのテクニックを紹介するよ！

生徒会室
コハナ先輩〜、相談してもいいですか！
リリ
リリ、どうしたの？
コハナ

いつメンは3人グループなんですけど、反対意見が言えなくてつい流されちゃって…
コレおいしそー！
う、うん…
今度行こうよ

そっか〜、リリは優しいもんね

でも大丈夫
相手に嫌な思いをさせないで、上手にかわす方法があるよ！

それから教えてもらったテクを試してみたリリ

数日後

コミュニケーションのヒント　友だち編

ハヤリの話題にのれない!!

みんながハマっているものに、正直ぜんぜん興味《きょうみ》持てない！　ハマれない！ってときどうするか問題を解決するよ。

みんながハマってるアレ、正直ぜんぜん興味ない…

ハマれなくても大丈夫！　ポイントはコミュ力だよ

友だちの間でハヤってるものの話題でもちきり…なんてこともあるよね。自分的に興味がないと、その話に入っていけないことも。それで孤《こ》立《りつ》を感じたり、悲しい経験をした子も少なくないみたい。でも、興味がないのにムリに好きになるってけっこうしんどい！　ここでは、そんなムリをせずに、うまくその場を切り抜けるテクを教えちゃうよ。ハマっている側の子の言い分も知っておけば、対応方法も見えてくるはず。

ハヤリものを好きにならなきゃダメ？

興味がわかないものに対して、話題にのれなくてもいい！ってわり切ってる子が約57%もいる結果に。多くの子が、そこはムリしてないってわかったよ。それでもハマってる子の仲間意識が強く、興味を持ってくれない子に対して仲間はずれっぽくしたり、冷たい子、ノリの悪い子って思ったりする傾向《けいこう》も…。そうなりたくないから興味のないこともチェックしようと思う子はいいけど、それでもムリって子は、自分の意思をつらぬいてOK。ハマってる子も、自分の興味以外には案外クールだったりするし、深く考えなくて大丈夫だよ！

まわりでハヤってるものに興味がなくても見る？

なんと約6割の子が、興味のないことはスルーの傾向。だって興味ないものは興味ないし！

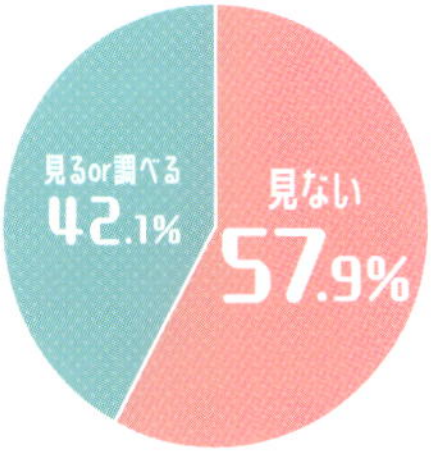

ハヤリの話題にのれなかったエピソード

仲間はずれにされた…

みんなはハマってる話題で盛り上がって、私抜きで遊ぶ約束をされた。（中3・なてぃちゃん）

「え〜知らないの!?」っておどろかれて、話題に入れてもらえなくなった。（中3・あさぴかりんちゃん）

冷たいって思われた！

がっかりした顔をされて気まずくなった。（中2・なかまいちゃん）

興味がなくて友だちの話を流してたら、私がその子のことをきらっていると カンちがいされた。（中2・だしまきちゃん）

ハマってほしいと強要された

ムリやり「コレいいから絶対見て!!」ってマンガ渡されたけど、興味ないんだよォ〜！（中1・みどりちゃん）

私をハマらせようとして、推しの写真をLINEで毎日送ってきた。（中1・なつりこちゃん）

まわりがハヤリの話題になったらどうしてる？

興《きょう》味《み》がなくても話題に乗れるように調べてる子は約43%。ハマってる子から見ても、この行動はうれしいという意見が多かったよ。一緒に語れるようになったらハッピーだもんね。だけど、中にはムリして調べなくてもいいのにって、自分らしさを認めてくれる意見もあったよ。そして、自分が興味のないことについてまわりの子が話しはじめたら、約半数の子が適当にあいづちを打って、その場を流してることも判明！　なんなら、自分の推しの話をして話題を変えちゃうって意見も。その場をうまく乗り切る方法を見つけた者勝ちだね！

Q まわりの子がハヤリの話題で盛り上がってたらどうする？

みんな
その場をうまく
乗り切ってるんだね

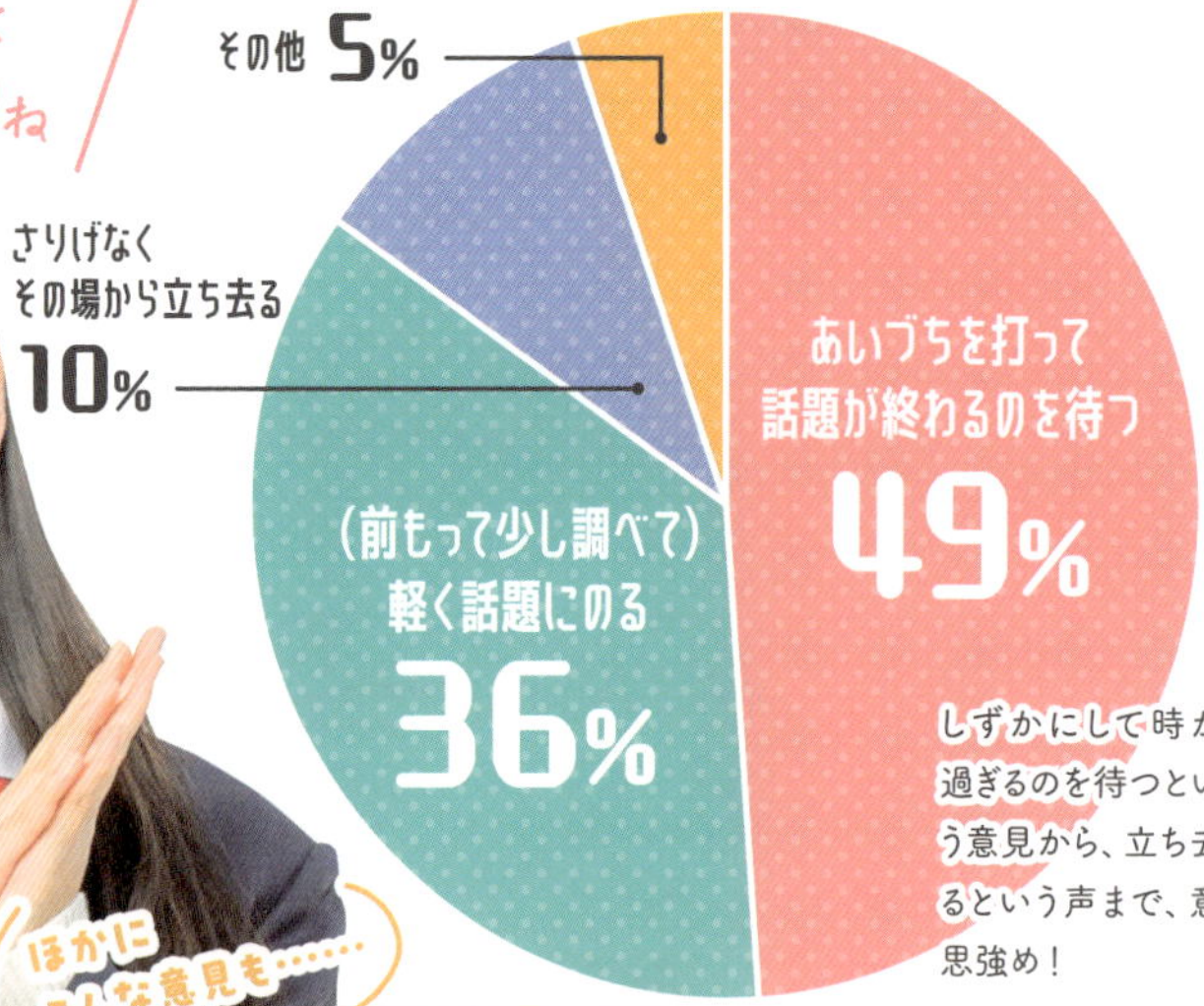

その他 5%
さりげなくその場から立ち去る 10%
あいづちを打って話題が終わるのを待つ 49%
（前もって少し調べて）軽く話題にのる 36%

しずかにして時が過ぎるのを待つという意見から、立ち去るという声まで、意思強め！

ほかにこんな意見も……

ズバッと「興味ない」と言う
（中1・にんじんちゃん）
はっきり言っちゃえば、ムリに語られることもなくなるはず。キズつけない伝え方をしよう！

知らない世界を知れて自分を高められる！
（中3・Swifferちゃん）
最初から興味なしと決めつけるのではなく、知ったら案外世界が広がるかもって考え。

ハマってる派の言い分も聞いてみよう！

逆にハマってる派の立場に立って考えると、自分の行動の正解が見えてくるよ！　ハマってない子に対して、多くの子が「人それぞれだから」って気にしてない様子。とはいえ、その子が話題に入れず孤《こ》立《りつ》しないように、気をつかうって声も多かったよ。また、興味を持ってもらえて、自分が好きって思うハヤリに共感してもらえたら、それは当然うれしいよね。もちろん、自分の意思に反《はん》してまでする必要はないけど、自分の気持ちを最優先にして、加えて相手が不快《ふかい》に思わない行動をとれたらいいよね。

Q どんなふうにふるまうのが正解？

人それぞれとは思いつつ、やっぱり興味を持って聞いてほしい！　大いに語りたいのが本音。

「知りたい！教えて」と聞いてほしい　1位

話題にのらなくていいけど、つまらなそうな顔はしないで　2位

「へー」「そうなんだ」とあいづちは打ってほしい　3位

Q ハマってない子についてどう思う？

みんなけっこう大人で、仕方ないよねって考えが多かったよ。ムリに引き入れても楽しくないし。

人それぞれしょうがない　1位

語りたいからハマってほしい！　2位

その子が仲間はずれにならないよう気を使うなぁ　3位

もちろん♡
それ教えてほしいな

そうなんだ！
じゃあちがう話しよ～
ごめん、あんまり知らなくて…

コミュニケーションのヒント 友だち編

同調圧力に負けないメンタル

自分の意見が少数派だった場合、対応方法にこまるよね。同調圧力《どうちょうあつりょく》に負けず、自分を見失わない方法を教えるよ！

「同調圧力＝多数派の意見・行動」を上手に乗り切ろう！

の意見をしっかり言える！

これ言ったらきらわれるかな？
みんなと同じこと言っておこう…

Q 同調圧力を感じたことある？

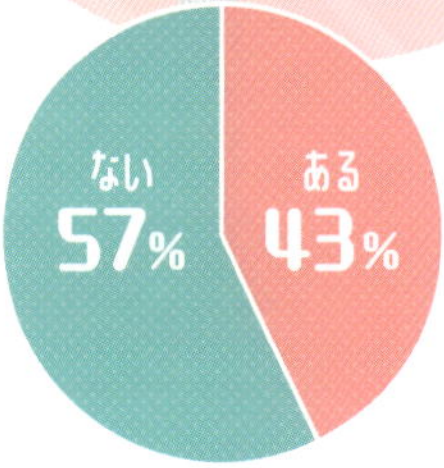

ない 57%
ある 43%

約300人の読者に聞いたら、4割以上が「ある」と回答。友だち間で感じることが多いみたい。

同調圧力を乗り越えて自分の意見を言おう！

「これ言ったらダメかな」「みんなと一緒が無難《ぶなん》」って、自分の意見を飲みこんでない？ プレッシャーを感じて、疲《つか》れちゃってないかな？ 「同調圧力」とは、「少数派の人に対して、多数派と同じ意見・行動にするように、プレッシャーをかけて強制すること」を言うよ。まわりの空気を読めるタイプの子は特に気になると思うけど、相手に合わせてばかりじゃストレスがたまっちゃうよね。上手に乗り切るテクや心がけをレクチャーするよ！

nicola

同調圧力に負けな女子になるには？

同調圧力に負けない子ってかっこいい！　でも、どうしたらなれるのかな？　それには、まずは自分の気持ちや心がけを見直すところから。一番大事なのは、「自分は自分、他人は他人」と考えること。必ずしも多数派じゃなきゃいけないことはないから、自分の意見を大事にしよう。そして、多数派とバトルしようと思わないこと。相手とちがう意見を言うときは、険悪《けんあく》な雰囲気《ふんいき》になりかねないから、笑顔で落ち着いて発言しよう。さらに中立《ちゅうりつ》の立場を意識して、相手の意見のいいところに目を向けられたら、意見のちがいも受け入れられるはず！

圧力に負けない子の5つの心得

私は私！

心得1　自信を持つ

私が正しい！と意地をはる必要はないけど、相手にすぐに流されないのは大事だよ。

おだやかに、まっすぐ

心得2　やさしい気持ちで

言い方がキツイだけで、自分の意見が否定されちゃうこともあるよ。発言は落ち着いて！

こっちかな？
いや、こっち？

心得3　中立の立場を意識

相手の意見にも耳をかたむけて、いいところが見えてくると、広い視野で物事が見えるよ！

どーにかなる！

心得4　考えすぎない

みんな人の意見をそんなに気にしてないから、不安でも伝えてみたら大丈夫なことが多いよ。

誰と話すときもニコーッ♡

心得5　笑顔を忘れない

笑顔で伝えればイヤな印象《いんしょう》にならないよ。不安や不信感《ふしんかん》を出さずに、笑顔を意識しよう。

シチュエーション別
同調圧力の乗り切り術

なにかとグループ行動が好きなJC世代。サボリとかちょっと悪いことをするときも一緒に!って誘《さそ》われるから、こまることも多いよね。そんな友だちは、マジメがカッコ悪いみたいに言ってくるかもしれないけど、そんなことは絶対にない! 気が進まないなら、自分なりに言い訳をつけて、時には先生や親など絶対的な存在を出して逃げるのも効果的だよ。「同じものを買おう」とか「一緒にここに行きたい」といった誘いが今ひとつだったら、明るく別の提案をしてみよう。いろんな同調圧力《どうちょうあつりょく》から気楽に乗り切る技を身につけてね!

同調圧力シチュエーション

「サボろう」と誘われた…!

空気をこわしたくなくてつい同調しがちなサボリの圧。気が進まなくても断りづらい〜。

サボろうよ〜
いや…
だるくな〜い?

乗り切り術

親を言い訳にする

こまったら、自分以外の人を理由にして上手く逃げよう! 「親や先生がこわいから」は効果的。

そうなの!?
本当にこわいからさ
そんなに?

同調圧力シチュエーション

「マジメじゃないよね?」を強要された

本当はきちんとしたくても、手を抜くことがカッコイイと思ってる子には通じなくて…。

大丈夫だよ、ハハハ…
マジメにやりすぎ〜

乗り切り術

先生を召喚!

ウソも方便《ほうべん》! 「先生が来るらしい」って言うだけで、案外みんなマジメになる説!

先生来るっぽーい!(ウソ)
マジ!?
え!

同調圧力シチュエーション

乗り切り術

行きたくない場所を提案された

みんなが「行きたい」って言ってると、新しい意見を言いづらい雰囲気《ふんいき》があるよね～。

じょうだんっぽいノリで明るく新提案！

真剣に相手を説得させるのではなく、ハイテンションで別案を言うなどノリで突破《とっぱ》！

永遠に終わらない立ち話

抜けるタイミングがむずかしい立ち話。イヤじゃないけど、長すぎるとちょっとこまる。

共感されるネタで立ち去る

たとえば「宿題」「テスト」など、全員が共感できるあせりネタで「帰らなきゃ」をアピール！

「おそろいにしよー」と言われた

いくら仲よしとはいえ、買うもの、身につけるものすべて相手の言いなりは苦しいかも。

より魅力的なものをプレゼンする

そういう子ってミーハーなことが多いから、よりミーハー心にささるものを提案だ！

コミュニケーションのヒント　友だち編

LINEグループ問題を解決！

LINEグループが原因で心が苦しくなってる子を救いたい！
もっと楽しめるツールになるように、使い方を考えよう。

既読スルーにスタンプ連打…LINEグループはお悩みいっぱい！

自分が被害者《ひがいしゃ》・加害者《かがいしゃ》の両方になる可能性がある！

LINEは中学生にとって欠かせないツールだけど、まだ使い方やそのマナーを理解できず、ただノリで送信し合ってる子が多いのもJC世代の特徴《とくちょう》。友だちから届いた内容に悩《なや》むこともあると思うし、逆にもしかしたら自分の送信内容が相手の悩みのタネになってることもあるかもしれないよ。おたがいに気持ちよく使えたら、LINEはめっちゃ便利。まずはLINEの問題パターン＆対《たい》処法《しょほう》を知っていこう！

中学生のLINEグループ事情

LINEを使いはじめてまず問題になるのが、「グループ」。ここではJCに調査したLINEグループ事情を研究してみたよ。入っているグループは平均12・7個。いつメン、クラス、クラスの中でも数名単位、部活、部活の中で仲いい子…というように、同じカテゴリーでも、グループを複数作っているよう。でも実際に動いているのはその中の4つ程度《ていど》と少なめ。少人数で気をゆるしているいつメンと、クラスや部活の大きなグループとでは、トークに参加する機会もちがうことが判明。なんでも反応しなきゃいけないわけじゃなさそうだよ。

返信するタイミング

いつメン ▶ 見たときにすぐ！

クラスや部活 ▶ 自分に関係のある話題のときだけ

グループにはたくさん入ってるけど、実際に動いているのは少しっていうのは気がラク！

入ってるグループ

平均 12.7個

1〜100個近くまでと個人差はあるみたいだけど、学年が上がると増える傾向《けいこう》に。

月1以上使ってるグループ

平均 4個

イツメンには返信するけど、大グループでは自分に関係あるときだけ参加する子が多数。

個別のトークとの使い分け

連絡や決め事はグループ、気軽なやりとりは個別

一度に全員に情報共有できるグループは便利だけど、ちょっと距離《きょり》を取ってるって声も。

こんなときどうする？

LINEグループ問題、発生！

グループLINEは1対1のコミュニケーションじゃないだけに、対応がむずかしい。まずは基本のグループに入りたいとき、入ったときにどうするか？ 好印象《こういんしょう》を持ってもらうための自己紹介方法や、あまり気が進まないときの通知オフなど、できることを確認しておこう！ 逆にグループがイヤになったときや、通知が永遠に届く場合、返事がこないケースなど、こまったときの自己防衛《じこぼうえい》パターンを覚えておくのもおすすめ。とはいえ、どんなことがあってもLINEに執着《しゅうちゃく》しすぎるのは危険。あんまり深く考えすぎないのが大切だよ。

途中からグループに参加したらどうすればいい？

まずは自己紹介♡

大人数グループだと返事がこないかもしれないけど、まずは自己紹介がマナーです！

グループに入りたい！

入ってる子に招待してもらおう！

グループに入ってるメンバー全員からOKが出た段階で招待してもらうのが安全だよ。

19:00
＜6 ニコグループ
カホです♥ よろしくね
よろしくね

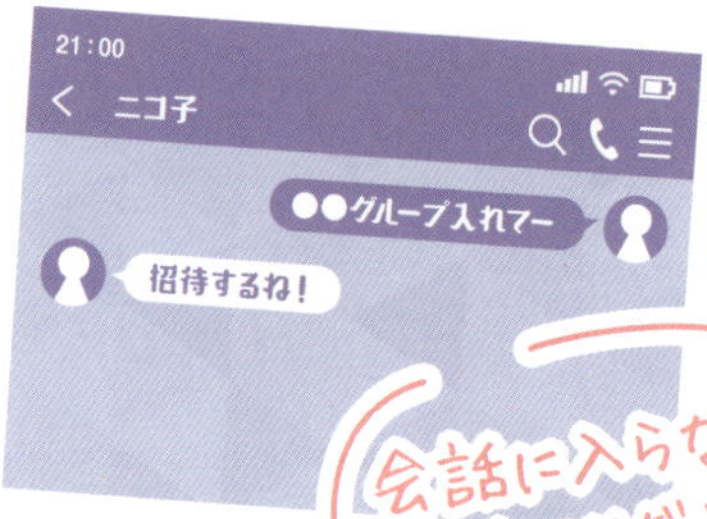

21:00
＜ ニコ子
●●グループ入れてー
招待するね！

会話に入らないのもアリだよ！

入りたくないグループに招待された…

一応入って、通知OFF

拒否《きょひ》するのもOK！ 仲いい子が多い場合は、一旦《いったん》入って会話に加わらないのもアリ。

大人数グループなら返事がこなくても気にしないで！

夜中まで会話が止まらない！

通知をOFF

全部のトークにつき合うのはムリ！　通知オフor「寝るね！」と一言入れて退散《たいさん》だ〜！

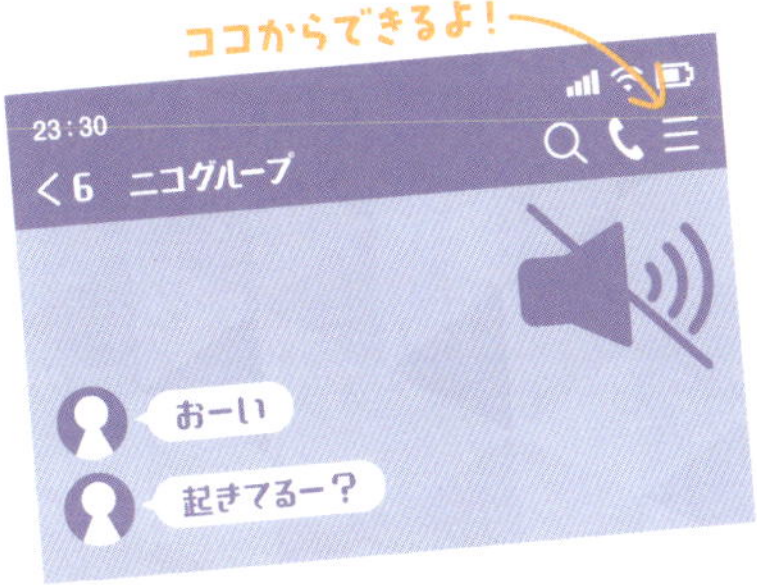

ココからできるよ！
23:30
＜6　ニコグループ
おーい
起きてるー？

グループから抜けたい…

親を言い訳にしよう！

「勉強や部活がいそがしくて、親にLINE禁止された」はよく使われる手。カドが立たたずに◎。

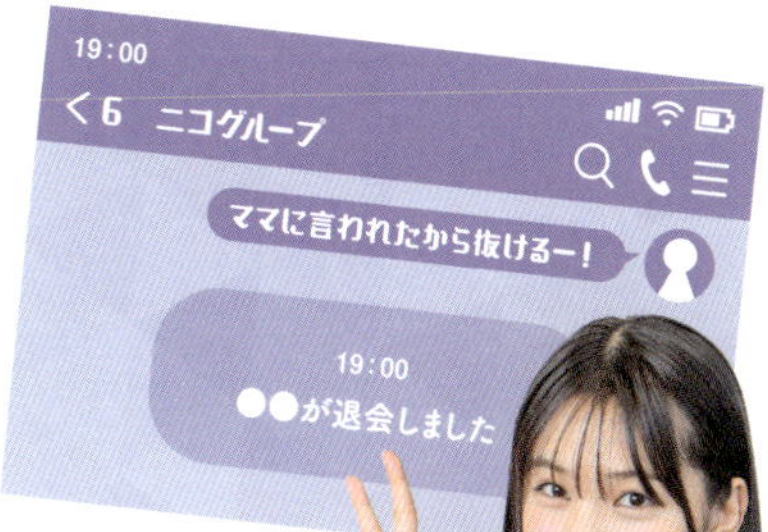

19:00
＜6　ニコグループ
ママに言われたから抜けるー！
19:00
●●が退会しました

案外なんとも思わないよ！

気にしすぎなくてもOK!!

グループで発信したけど返事がこない…！

もう一度トライ or 個別に切りかえる

1 ふざけてみる

おちゃらけたほうが、返事しそびれてた〜ってノッてきやすいと思う！

19:00
＜6　ニコグループ
シカトされてる(笑)!?

2 グループの子に個別で助けを求める

個別でグループに送るようにお願いする！　他の子にも気づかせる作戦！

19:00
＜　ニコ子
グループの方に返事してー

3 送信取り消し

どうせ返事がこないなら送信を取り消して、個別に切りかえてもOK。

19:00
＜6　ニコグループ
明日の持ち物わかる人ー？
長押しする！

4 あきらめて個別に聞く

答えてくれそうな子に個別で聞き直す方がスムーズなことが多いよ。

19:00
＜　ニコちゃん
明日の持ち物を教えてー

やっちゃってない!? めいわくLINE

ついつい盛り上がって、マナー違反《いはん》なLINEをやっちゃってない？　今の楽しい気分にひたりすぎて、まわりが見えなくなっていると危険！　グループのほかの子がめいわくに思っているかも。ここでは、やりがちな自分勝手な行動をピックアップ。ポイントは、少人数で盛り上がりすぎて暴走しないこと、そして通知を鳴らしまくる行動は避《さ》けること！　あまりにひどいと、あなた以外の新たなグループが密《ひそ》かに誕生するって悲劇《ひげき》も…。グループLINEの治安《ちあん》を守るためには、まずは自分の行動を見直すことが大事だよ。

くだらない内容で大量のメッセージ

盛り上がってるのは一部って気づいて。そういうノリがしたい子だけのグループでやろう。

ノリで打っちゃえ♪

21:30
＜10　ニコグループ
あ
い
う
え
NG

意味のないスタンプ連打

ふざけてやってるつもりでも、通知は多いし、会話もふり返りづらいしで迷惑度100！

20:00
＜7　ニコグループ
NG

さみしくて…

入ってない子がいるグループで重要な連絡

送る前にこのグループを使うと誰に伝わるのかを確認しよう！　伝えもれがあったら大事件！

21:00
＜5　ニコグループ
明日、10時集合ねー
NG

明日の連絡
グループLINEでいっか

関係ない人を招待する

招待された側もこまるよね。なぜそのメンバーでグループができているのか考えよう！

19:00
参加中
友だち 3
フタバ
アンナ
ニコ太郎
NG

たくさんいたほうが
よくない？

＼ニコ㋲がお答え！／
LINEトラブル相談室

LINEは便利だけど、使っているとどうしたらいいかわからなくなるシチュエーションがあるよね。たとえば、グループ通話に入るのが気が進まないとか、グループに入れたくない子から入りたいと言われたりとか…。どんなときも、LINEは顔を合わせてのコミュニケーションではないということを忘れちゃダメ！　思いを直接説明できないぶん、行動次第では相手に冷たい印象《いんしょう》を与えてしまうよ。ていねいに、カドが立たないように動くことが大切。あとはその場にあったテクニックで切り抜けられるよ。

トラブル1

グループ通話に誘われたけど、
正直入りたくない…。
でも、断りたくもない…。

ニコ㋲アドバイス

とりあえず出てみて、長くなりそうなら「親が呼んでるから切るね」と理由をつけて退散《たいさん》！

トラブル2

グループLINEに入れたくない子から
入りたいと言われた！
どうしたらいいかわからな～い！

ニコ㋲アドバイス

断ると意地悪《いじわる》に見えるから、グループに入れつつ、元グループの子で別のグループを作ろう。

トラブル3

部活のグループLINEがあるけど、LINEをやってない子は入れないんだから作るのをやめなさいと顧問に言われた…。やめるべき？

ニコ㋲アドバイス

続けるか止めるかは部活内で相談しよう！　いずれにせよ、全員で連絡が取れる方法を考えて。

トラブル4

部活の仲よし4人で作ったグループ。
一人が部活をやめてから、そのグループを
どうしたらいいのか誰もわからない…。

ニコ㋲アドバイス

4人グループはそのままで、部活のことを話すための3人グループを新たに作ればOK！

コミュニケーションのヒント　友だち編

学校に行きたくない！

「学校って絶対行かなきゃダメですか？」そんなモヤモヤした気持ちを前向きにする方法、ここにありますよ！

なんか…
今日学校
行きたくない!!!
これってあるある？
1

ニコ㋲やニコ(読)のアンケートによると…

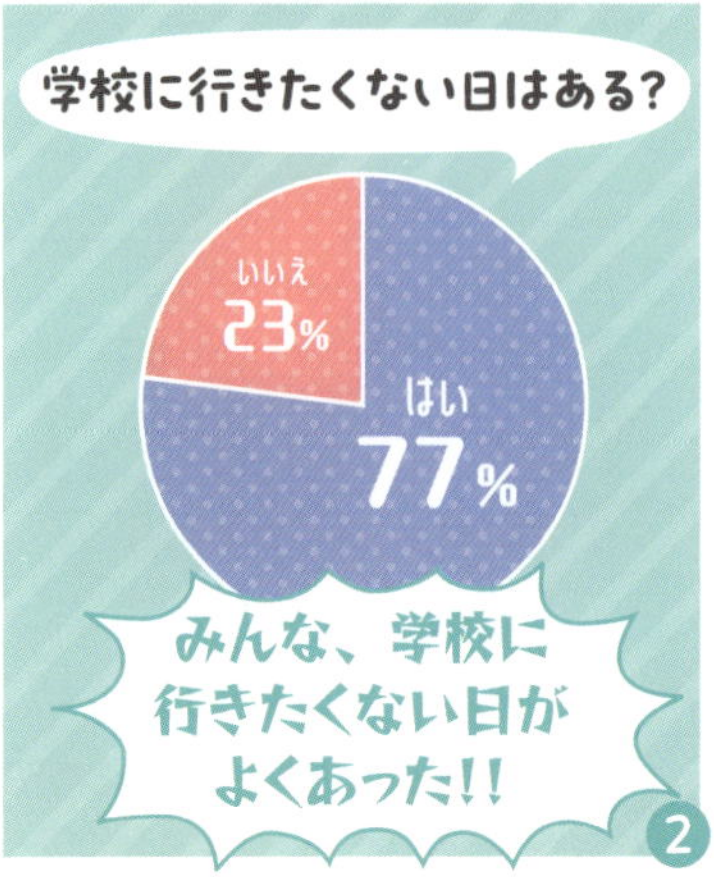
学校に行きたくない日はある？
いいえ
23%
はい
77%
みんな、学校に
行きたくない日が
よくあった!!
2

みんなそれぞれ
理由はあるけれど、
「なんとなく」
行きたくない子も
多いよね？
3

あなたはどっちのタイプ？
だらけたい子ちゃん
思いつめ子ちゃん
4

自分はどんなタイプかをまず認識するところから！

ニコラ読者アンケートによると、「学校に行きたくない日がある」と思ってる子は4人中3人という高い数字。その理由がはっきりしている子もいれば、なんとなく…って子もいるみたい。ここでは、「だらけたい子」と「お悩《なや》み があって行けない子」の2パターンに分けて解説するよ。まずは自分がどっちで行きたくなくなっているのかを判断してみてね。両方って子は、これから紹介する回復法《かいふくほう》をいろいろと試してみるのがおすすめ！

ツラいときはまわりの人を頼ろう！

学校のことを考えると、気分が重くなったり、急に体調が悪くなっちゃったり…。そんな子はムリして学校に行く必要はないと思う。また、学校に行けない自分を残念に思わなくていいよ。今の気持ちを、親でも友だちでも、誰でもいいから聞いてもらって、少しでもラクになるといいね。誰かをたよることは恥ずかしいことじゃなくて、必要なことだよ。頼《たよ》った人からアドバイスされた言葉も、今の自分の中でしっくりこなければ、ひとつの意見として受け止めるだけでOK。まずは自分の気持ちが少しでも明るくなる方法を探していこう！

先輩たちからのアドバイス&メッセージ

クルミ

私も行きたくないときがあるけど、そういうときは、楽しいことをたくさん妄想《もうそう》するよ。「これがやりたいから学校もがんばろう」ってなるからおすすめ♥

ハルカ

「今日も一日がんばれてえらいぞ!!」っていう写真や動画をSNSで毎日投稿してみるのはどうかな～？

カノン

ゆううつな気分の日は誰でもあるよね。そんなときは好きなことをしたりして気分をアップ。ステキなスクールライフを送れるように一緒にがんばろ～！

メアリ

ムリに行こうと思わなくても大丈夫だよ。行きたくなったときに行こう！

ニコラはみんなの味方だよ

コハル

「学校で勉強を学ぶ意味ってなに？」「将来使うの？」って思うことは私もよくあるよ。でも、「人間力」を学べると思ってモチベーションを上げてる！

だらけたい子の行きたくない理由

だらけたいと言っても、ただ気分が乗らないって場合と、背景にもっと深い理由があるときがあると思うの。気分が乗らない以上の理由がありそうって子は、次の「思いつめちゃう子の理由」のページを参考にしてね。なんとなく気分が乗らないその理由は、学校の授業や委員会、部活などで憂鬱《ゆううつ》なことがある場合、寝不足で朝起きられない、天気が悪くて学校に行くのが大変などいろいろな理由があるみたい。なんとなくだらだらして、もう少し寝てたい…よね。そんな日は、好きなことでテンションあげれば乗り切れることもあるよ！

1 きらいな教科や発表がある

「体操服はダサイし、長距離《ちょうきょり》を走るのも疲《つか》れるし」「人前で発表するのが苦手だから」と朝からブルーに…。

2 夜ふかししてとにかく眠い

夜ふかしすると翌朝がキツイのはわかっているけど、夜になるとぜんぜん眠くなくてついつい…。

3 天気が悪い

どしゃ降りの雨や大雪の中、歩いて学校行くのって地味にしんどい。家出たくないよね〜。

だらけたい子におすすめの回復法

だらけたい子はとにかく楽しいことをいっぱいやって、自分のテンションをあげるのが解決の糸口！

ちょっとだるい日は…

ニコラを読んで 幸せな気持ちに！

好きな本や雑誌などを読んで、現実逃避《げんじつとうひ》できる時間を作ろう。ニコラも活用してね♡

好きな曲を聴いて テンションを上げる！

前日の夜からテンション上がるor気持ちによりそう曲を聴いてポジティブモードに！

名言を検索して がんばる気持ちに

自分の気持ちにフィットした名言が、アナタの気持ちを前向きにしてくれるかも！

超だるい日は…

週末に楽しみな予定を計画して 自分をごきげんにする！

寝るでも、推し活でもなんでもいいよ。楽しい週末があれば、平日はがまんできるって考え！

おいしい夜ご飯を 作ってもらう約束を 朝のうちに♡

朝から「夕食は大好物メニュー」と思えばやる気もわく！　食いしん坊さん向けのワザだね。

帰ってきたら 好きなだけ寝る と決めて家を出る♡

帰宅したら好きなだけ寝るぞーって決めておけば、やる気が出ない朝の一歩につながるよ。

思いつめちゃう子の行きたくない理由

マジメな性格で、なにごとも正面から受け止めがちな子は、ちょっとしたことでも思いつめがち。学校ってなにかしらの悩みのタネがあるから、「学校行きたくないなぁ」につながりがち。表面的な理由としては体調不良や勉強がむずしすぎる、友だち関係がうまくいかないなどがあるけど、思いつめがちな子は気分転換くらいでは調子が上向《うわむ》いていかないこともあるよね。そんなときはムリせずに学校を休んだり、思いっきり泣いたりして、自分を甘やかしてあげることが大事だよ。もっと気持ちをラクにしてOK。あなたは十分、がんばってるよ！

1 体調が悪い

学校に行きたくないとお腹や頭が痛くなることが…。体が学校を拒否《きょひ》してるってことかも。

2 友だちとうまくいかない

友だちとうまくいってなくて気が重い日、学校行くほどに気分が落ちこんじゃうよね。

3 勉強についていけない

がんばってもがんばっても成績が上がらず、毎日分からないことが積み重なってく感覚がつらい！

思いつめちゃう子におすすめの回復法

思いつめちゃう子は、とにかくリラックスして疲《つか》れた心身を解放しよう。ときにはお休みもアリだよ！

ちょっとだるい日は…

勉強コンプレックスがある子は「自分はできる！」って信じこませるのが効果的だよ！

点数がよかったテストを見てテンションを上げる！

窓をあけて空気を入れかえるとリフレッシュ！

朝の光をあびると幸せホルモンが出ると言われているよ。気持ちいい朝をむかえよう！

人生をロールプレイングゲームだと考えて楽む♪

自分の人生をゲームに置きかえて、自分ですべてを選択して成功していくんだとイメージしよう。

超だるい日は…

気がすむまで泣く！

苦しいときは思いっきり泣いちゃおう。泣くとスッキリする場合も多く、前に進めることも。

思い切って学校を休んでみる♥

学校を休むのはダメなことじゃない！　前に進むためのちょっとした休息と考えて。

朝風呂に入って気分をリラックスさせる♡

朝のお風呂でゆっくりと体を温めれば、目がシャキッと覚めて神経もリラックス。

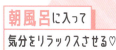

コミュニケーションのヒント　友だち編

休みに遊びに誘われたい！

自分から遊びに誘《さそ》うのって勇気がいるから、目指したいのは自分が声かけなくてもどんどん誘ってもらえる子！

自分から誘うのは恥ずかしいし、緊張する…

いいなー遊ぶ約束してる～
自分から誘う？でも断られたらかっこ悪いし…しかもタイミングも…そもそもあっちの子は誘いづらいんだよねー
でも一人になるのを待つのもなー…

誘われテクを使えば…

誘われすぎてこまる～

買い物行こ～
プリとろーよ！

誘いたいって思われるそんなキャラを目指そう！

友だちと休みの日に遊びたいけど、自分から誘うのは恥ずかしいし、緊張する、断られたらヘコむし～って思ってるみんな！　だったら、誘われる側になればよくない？　まずは誘ってみたいと思われる子について研究して、自分もなれるようにがんばるところから。誘いづらい子にならないための努力もやればなおよし！　とどめは、誘ってもらえる小ワザも試してみて。休みの予定がいっぱいな子になれるかもよ♡

「誘ってみたい♡」って思うのはどんな子？

いつも遊んでるメンバー以外からも声をかけてもらえるかが、誘われ上手かどうかの分かれ道。つい誘いたくなる子ってどんな子かを研究して、自分を近づけていこう！　誘いたくなる子の特徴《とくちょう》として、多くの子があげているのが「おしゃれな子」。一緒に買い物に行きたいって声が多数♡　ほかには、趣味が同じな子も話が盛り上がりそうと人気だから、学校でいろんな話をしたり、SNSでも多方面《たほうめん》をフォローして種まきしておこうね。定期テスト後や2人きりでいるときなどは誘われるチャンス大！　誘いやすい雰囲気《ふんいき》を作ってみよう。

どこで、どうやって買い物をしているのか知りたいと思ってる子があとを絶《た》ちません！

いつもオシャレな子

ヒマだから誘ってー！と言ってる子

「ヒマです、いつでもウェルカム！」って公言《こうげん》してる子なら、まちがいなく誘いやすい！

仲よくなりかけの子は実はチャンス大！

今まであまり接点《せってん》がなくても、仲よくなりはじめてる子は誘いたくなるみたいだよ。

同じ推しをフォローしてたり、推しの写真がアップされてると、話したい欲《よく》がわいてくる！

SNSなどで趣味が同じ子

実は誘いづらいタイプになってる可能性アリ！

友だちはいっぱいいるのに、なぜかあんまり遊びに誘《さそ》われない子は、もしかしたら誘いづらいタイプって思われている可能性が！　自分のふだんの言動をふり返ってみよう。たとえば、まわりから無口で笑顔のない子と見えていないかな？　悪口が多かったり、自分の思いどおりにならないとふてくされちゃったり、すぐに「疲《つか》れた」という負のオーラが出ちゃってて、誘われない子の典型的《てんけいてき》な特徴《とくちょう》だよ。ほかにも、せっかく誘っても否定から始まる返答だと、今後も誘いづらくなっちゃうみたい。まずは自分自身を見直すことが大切！

すぐ疲れたって言う

登校だけで疲れたって言う子は、遊んでる途中にもへばって文句《もんく》言いそうだからイヤ！

テンションが低い

気分が落ちてても、「だから気晴《きば》らししたい」ってアピールしておけば、誘われる確率UP！

部活や塾でいそがしそう

いそがしい子は誘うのが申し訳なくなっちゃう。それを表に出さなければ、誘ってもらえるかも。

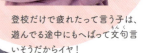

待って！
今、太陽が
出てるから！
行こうよ～

日焼けやダイエット
を気にしすぎる

日なたに出たくないとか、ダイエット中で食事が食べられないアピールは、遊びに支障《ししょう》も！

自己中

遊びを全部し切ってきそうって警戒《けいかい》されて、誘われないケース。みんなの意見も聞こうね！

次はあのお店で…
お昼はマックね！

うん…
ねー
ってば！！

スマホばっかり見てる

スマホ依存《いぞん》がはげしい子は、遊びに集中してくれなそう。正直、ちょっとめんどくさいです！

もう誘うの
やめよ～
ママが行っちゃ
ダメだって～

親がきびしい

行動が制限される子は遠慮《えんりょ》したいのが本音《ほんね》。親に「友だちと遊びに行きたい」って交渉しよう！

誘っても
うれしそうじゃない！

否定的な返答をされると誘いがいがない！　照れずに「うれしい」を表現しようね。

遊びに誘われるテク をマスターしよう！

誘《さそ》いづらいと思われる言動はしていない、そしてむしろ誘いたいと思われるキャラに自分がなれているなら、ゴールはもう目の前！　最後のひと押しで、「誘われる子」って結果を出していこう！　チャンスは休み前の学校。対面でおしゃべりしながら、休日遊びたいな〜って気持ちを出していこう。もし学校で遊びの約束が取りつけられないまま長期休みに入っちゃったら、こまめにLINEしたり、SNSでアピールするしかない！　そんな長期休みでも、部活している子は部活の友だちと遊ぶチャンスがまだあるからアピールを続けてね。

期間限定モノやイベントを口実にする！

夏祭りあるんだって
いいじゃん!!

映画やイベント、夏祭りやプールなど、"今だけ"を相手にアピールして遊ぶ方向にもっていく。

休み前の会話で約束をとりつけよう！

「休み中、会えないのさみしい」と甘える

女子同士ならぶりっこでウケをねらいつつ、遊んでよ〜っておねだりするのもアリ！

誰か遊んでくれないかな〜

ほしいものをかぶせる！

友だちがほしがってるものを「私もほしい」と言えば、「一緒に買いに行こう」って展開に！

休みに入ってからは
LINEやSNSでアピる！

友だちと
こまめにLINE

存在を忘れられないように連絡を取って、遊ぶときにメンバー入りさせてもらうように！

インスタのストーリー
でアピールする

日《ひ》付《づけ》明《めい》記《き》のアンケートで「はい」をつけてくれた子にDMすれば、高確率で遊べるみたい♡

LINEのプロフィールに
やりたいことを書く

SNSでのハヤリを「やりたい」って書いておけば、「私も」ってのってくる子がいるかも。

部活仲間と遊ぶなら
部活ネタを活用する

早く終わった日に
みんなで思い出づくり

長期休み中、部活の半日練習が終わったとき、「なんか思い出作りたい」と言えば、賛成《さんせい》の嵐が！

先輩が遊んだ話をする

先輩同士が遊んだ話をすれば、自然と「うちらもやりたくない？」ってなりそうでしょ！

ニコラ学園

放課後相談室

Counseling Room

人間関係のお悩み②

誰にも言えない悩みをこっそり話せる「放課後相談室」。友だちや部活仲間、好きな人との人間関係のお悩みに、生徒会メンバーが答えるよ！

生徒会メンバーが答えるよ！

ハルト

リコ

クルミ

リリ

アンナ

フタバ

コハナ

気まぐれな子とのつき合い方がむずかしい…！（中2・かなちゃん）

仲のいい友だちが、すごく気分屋なんだ。急に機嫌《きげん》が悪くなったと思ったら、いつの間にか元どおりになってたりして、毎日ふりまわされてます！

【コハナ】私だったら相手の気がすむまでそっとしておくかもしれない。こういう状態になると、まわりが何を言っても意味ないこともあるし。【フタバ】あとはこっちが少し大人になって、いったん相手の話を聞くのはどうかな。「別になんでもない」って返されたら、「なにかあったら言ってね」って声をかければいいし。【コハナ】そうだね。でも、友だちに合わせていたら疲《つか》れちゃうと思うからほどほどにね。【フタバ】しんどいときは、ほかの友だちと遊んで、その子と距離《きょり》をとったり、その問題から逃げることもとっても大事。自分を大切にしてね♪

話を聞いてあげながら自分の心も大切に！

テスト結果を聞かれてこまる…

（中1・レモンちゃん）

毎回、テストの結果をしつこく聞いてくる友だちがいるの。言いたくないけど、言わないと、「友だちなんだからいいでしょ？」って言ってくる。どうしたらいい？

【アンナ】自分のほうが点数低いと教えたくないし、高くてもイヤミになりそうだよね。【クルミ】私は「う～ん、どうだろう？」ってにごして、ちがう話題に変えちゃうかも。【アンナ】それはトゲがなくていいかも！　私なら「秘密♪」って言うかな（笑）。【クルミ】いいね！　そもそも言いにくいことは、親友だとしても言わなくてOK。【アンナ】友だちでも言いたくないことはたくさんあるよね。「それとこれとは別」って伝えてもいいと思うよ。【クルミ】「心友だけど、これは内緒☆」ってちょっとじょうだんっぽく伝えるのもいいかも！

友だちだとしても、言いたくないことは言わなくて大丈夫だよ

好きな人には早く告白すべき？

（中2・なみちゃん）

同じ小学校だったKくんのことが好きなんだけど、中学に入ってから同じクラスになれてないんだ。最近Kくんがモテてるって話を聞いて…誰かとつき合う前に告白したほうがいいかな？

まずはさりげなく距離を縮めよう！

【ハルト】ふだんあんまり話してないんだったら、まずはあいさつしたり、短い言葉でもいいから話をしたほうがいいと思う。【リリ】ろうかですれちがったときに、手をふるのもおすすめ。さりげなく、ニコッてほほえむのもかわいいと思う♡【ハルト】ちょっとあざといけど、いいね！　それを続けて、まずは距離《きょり》を縮《ちぢ》めよう。告白するのはそれからでもいいと思うよ。【リリ】LINE交換がまだだったら、交換して関係を発展させるのもありだよね。【ハルト】脈ありだなと思ったら、他の子に取られる前に、勇気を出して告白してみよう！

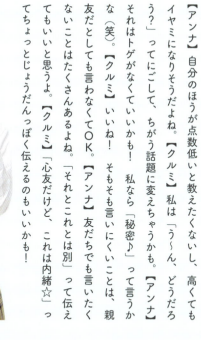

部活の友だちと仲よくなりたい

（中2・はなびちゃん）

部活の同学年の子たちと、まだ仲よくなれていないの。私はスマホを持ってないし、共通の話題もあんまりなくて、どうしたらもっと仲よくなれる？

【リコ】私もそうだった！　部活の友だちが音楽好きだったから、一生懸命《いっしょうけんめい》あわせてたけど、ちょっときつかったな。【リリ】私は相手の「推し」を聞いたりするよ。相手が教えてくれたら「私の推しは〇〇なんだ」って発表してる♪　【リコ】なるほど、自分の好きなことを話したら、意外と盛り上がるかもしれないしね。【リリ】推し以外にも、好きなものや、ふだんしていることの話題でもOK。ムリしてみんなと同じことをしなくてもいいんじゃないかな。【リコ】ムリすると、のちのちしんどくなるもんね…！　私もそういうタイプだったから、わかる。

みんなと同じじゃなくても
好きな話をしてみよう

これって告白してもいい？

（中1・ユズちゃん）

同じクラスのTくんに片想い中。移動教室で一緒に移動したり、上着を忘れたときに貸してくれたりと優しく接してくれるんだけど、単に「誰にでも優しい人」かも…。告白したいけど、ふられるのがこわい！

もっと質問をして
自分なのかたしかめよう！

【コハナ】これで両想いじゃなかったら思わせぶりすぎる〜！　まずは、Tくんからヒントを聞き出そう。【ハルト】そうだね。好きなタイプを聞いたりして、自分に当てはまるか確認しよう。当てはまるならもう両想いってことで、「好きな人って私のこと？」って言っちゃっていいよ。【コハナ】もし「好きなのは別の子」って言われたら、「じょうだんだよ（笑）」って笑ってごまかせば気まずくもならないし♪　直接じゃなくて、LINEやDMで聞くのもいいよね。【ハルト】いいね！　いずれにせよ、真剣に聞かずにノリよく聞くのがおすすめ。

笑いたいときは
気にせず思いっきり
スマーイル☆

笑顔に自信がない （中2・ユウちゃん）

笑うとほっぺが横に広がるから、自分の笑顔が好きじゃない。家族にも、「目が笑ってなくてこわい」って言われるし、どうしたらうまく笑える？

【クルミ】私もあんまり自分の笑顔が好きじゃないんだけど、そんなの気にしないで笑うほうが、楽しい気持ちを共有できると思うんだ。【コハナ】たしかに「一緒にいて楽しいよ」って伝わるほうがうれしい♡　写真撮るときはキメ顔があってもいいけど、人と話すときは「どう見えているか」を気にしすぎなくていいのかも。【クルミ】ちなみに、写真で盛りたいときに意識しているのは涙袋。ぷくっと涙袋が出るのをイメージして、口もとは下くちびるに力を入れて口角が上がるようにしてるの。【コハナ】かがみの前で笑う練習をしてみてもいいかも♪

今の学校に通うのがつらい！ （中1・チョコちゃん）

今、地元の友だちがいない私立中学校に通ってるんだけど、通学に片道1時間もかかるうえ、人間関係もうまくいっていなくて学校に行くのがすごくつらいんだ。

【フタバ】私も同じ経験があるよ。クラスの雰囲気《ふんいき》がよくなくて、毎日が楽しくなかったんだ。でも、あるときから「私は私！」って思うことにしたの。【コハナ】中学校はいろんな人が集まるから、合わない人もいるよね。「本当にムリ」って日はがんばりすぎなくてもいいと思うよ。でも、もし学校でやりたいことがあるなら、そのことだけに集中してもいいと思う。たとえば部活とかね。【コハナ】週末には、思いっきり地元の子と遊んで気分転換《きぶんてんかん》するのはどうかな。【フタバ】それでもつらければ、ムリしすぎずにおうちの人に相談してみようね。

息抜きしながら、
自分のやりたい
ことに集中しよう

ニコラ学園

楽しい学校生活

スタートブック

ライバルの背《せ》中《なか》

いつから好きだったのかなんて、よくわからない。

気づいたら、彼を見かけるたびにドキッとするようになっていて、笑顔を見たらキュンとするようになっていた。

葉山章《はやましょう》大《た》くん。中学校に入学して、同じクラスになった男子だ。どちらかというと物静かなタイプで、休み時間にはよく本を読んでいる。そういうときはメガネ越しの瞳《ひとみ》が真剣で、横顔がりりしくて、ななめうしろの自分の席から、じっと見つめてしまう。

いつか、ちゃんと話しかけられたらいいな。そんなふうに思っていた、ある日。

「ねえ、リコちゃん。もしかしてリコちゃんって、葉山くんのことが好き？」

突然そんなことを尋《たず》ねられて、わたしは頭を金づちで殴《なぐ》られたような衝撃《しょうげき》を受けた。尋ねてきたのは、小学校からの親友で、今も同じクラスのクルミちゃんだ。

「なっ、なに急に……！」

「やっぱりねー。もう、リコちゃん、隠《かく》すのヘタなんだから」

そう言って、クルミちゃんが笑う。わたしは、好きな人を言い当てられてしまっ

た恥《は》ずかしさと気マズさで燃え上がるように熱くなった顔をふせた。

「リコちゃん、いつもチラチラ葉山くんのほう見てるでしょ？　あたし、葉山くんと話してて、ときどきリコちゃんの視線を感じてたんだ。それで、あー、リコちゃんも好きなんだなって気づいたの」

「そうなんだ……」とうなずきかけて、わたしはハッとした。

「待って、クルミちゃん……。今、『リコちゃんも』って……」

「そ。じつはあたしも、葉山くんのことが好きなんだ」

　今度は雷が落ちたみたいな衝撃が、わたしの全身をつらぬいた。まさかそんな！　親友のクルミちゃんと、同じ人を好きになっちゃうなんて……。今まで感じたことのない不安とショックで、頭と体がグラグラする。

　わたしの恋《こい》は――それに、クルミちゃんとわたしの友情は、どうなっちゃうの？

　わたしがいろんな感情に押《お》しつぶされそうになっていると、クルミちゃんはこう言った。

「リコちゃん。葉山くんのこと、正々堂々と勝負しよう」

「……え？」

「リコちゃんは、葉山くんのことが好き。親友の恋は応援《おうえん》したい。でも、あたしも、自分の恋をあきらめたくない。『友だちとカブらないようにしよう』とか、『あのコがあの人を好きなら、自分は違う人にしよう』とか、恋ってそんな、服を選ぶみたいに決められるものじゃないでしょ？　だから、ズルいこととかウソとかナシにして、一緒にがんばろうよ。それで、どっちが葉山くんと付き合えることになっても、恨《うら》みっこナシ！」

そう言ったクルミちゃんが、にっこりと笑う。その笑顔につられて、わたしは思わず、うなずいていた。それを見たクルミちゃんが、満足そうな笑顔になる。

「あたし、恋のライバルがリコちゃんで、よかったよ」

そう言われて、わたしの中の何かが音を立てて切り替わったような気がした。

その日から、今までモヤモヤしていたのがウソのように、わたしの心は軽くなった。今なら、ノドにつっかえていた言葉も、するりと出てくる。

「は、葉山くん……！　それ、こないだ発売された文庫だよね？　わたしも、その作家が好きで、買って読んでるんだ」

「えっ、ほんとに？」

「うん。それで、葉山くん、ほかにはどんな小説を読んでるのかなって……」

　これまで使い方がわからなかった勇気の使い方を、わたしは知った。自分から、葉山くんに話しかけることができたんだ。

　葉山くんは、わたしの話によく笑ってくれた。笑うだけじゃなくて、驚《おどろ》いたり、感心したり、真剣にうなずいたり……今までななめうしろから眺《なが》めるだけでは見られなかった葉山くんの表情を、わたしは真正面から見ることができた。それは、想像していた以上にうれしくて、心がおどる時間だった。

　そのうち、葉山くんから声をかけてくれるようにもなった。話しかけられた瞬間《しゅんかん》は毎回びっくりして緊張するけど、あとからうれしさがぶわっと湧《わ》き起《お》こってきて、ふわふわしてくる。そして、話をしているうちに、ますます葉山くんのことを好きになっていくのがわかった。

ときにはクルミちゃんも一緒に、3人で話すこともある。「恋《こい》のライバル」なんて、もっと火花がバチバチ飛び散るような関係を想像していたけれど、そんなことは少しもない。もしかしたらこのまま3人、ずっと仲よくいられるんじゃないか。そんなことさえ、わたしは思い始めていた。

「ねぇ、リコちゃん。あたし、葉山くんに告白しようと思うの」

ある日の放課後、クルミちゃんはわたしにそう宣言した。

「葉山くんのこと、リコちゃんとは『一緒にがんばろう』って約束したから、伝えておきたかったんだ」

それだけ言って教室を出ていくクルミちゃんの背中を、わたしは、ぼんやりと見送ることしかできなかった。

クルミちゃんが、葉山くんに告白する。わざわざわたしに宣言したのは、きっとそれがクルミちゃんの「戦い方」だからだ。「ズルいこととかウソとかナシにして、一緒にがんばろう」っていう言葉を、どこまでも守ろうとしてくれている。

「わたし、どうなってほしいんだろう……」

クルミちゃんが葉山くんにフラれて、わたしが葉山くんに受け入れられること？

クルミちゃんの告白を葉山くんがＯＫして、２人が恋人同士になること？

それとも、告白なんかどうでもよくて、このまま３人で仲よくいられたらいいって思ってる？

「恋って、こんなに大変なものだったんだ……」

ざわつく胸を押《お》さえて、わたしは目を閉じた。どんなに見開いても、自分の望む未来が少しも見えなかったから。


次の日、わたしはクルミちゃんと葉山くんの様子が気になって仕方なかった。

あのあと、クルミちゃんは告白したんだろうか。それとも、まだだろうか。告白して、返事を待っているところとか？　まさかもうＯＫの返事をもらって、付き合ってるとか？

ねぇ――もしも、わたしが告白したら、葉山くんはなんて答えてくれる？

何度追《お》い払《はら》おうとしても、ちっとも頭から離《はな》れない疑問が、授業に集中させてくれなかった。わたしは自分から2人に声をかけることをあきらめ、昼休みになって教室を出た。お昼は1人で食べようと、お弁当を持って中庭に向かう。

1人でお弁当を広げたとき、「リコちゃん」と名前を呼ばれた。ビクッとして顔を上げると、そこには、クルミちゃんが立っていた。

「一緒に、いい？」

わたしは無言で、うなずくことしかできなかった。

隣《となり》でお弁当を食べ始めたクルミちゃんは、何も言わない。だからわたしも、もくもくと玉子焼きを口に運ぶ。

クルミちゃんが口を開いたのは、わたしのお弁当がなくなった直後だった。

「あのね、リコちゃん……。あたし昨日、葉山くんに告白したんだ」

やっぱり、そうだったんだ。わたしは、からっぽのお弁当箱をひざにのせたまま、クルミちゃんの言葉の続きを待った。お茶を飲んでいるのに、ノドがカラカラだ。

「あたし、葉山くんに、『好きになったから、付き合ってほしい』って、言ったの。

そしたらね……あたし、フラれちゃった」

「え……」

ぱっと、クルミちゃんの顔を見る。クルミちゃんは、笑っていた。寂《さび》しそうに、悲しそうに、痛みをこらえるように微笑《ほほえ》むその顔は、ただ、涙《なみだ》が見えないだけの泣き顔と同じだった。

「葉山くん、好きな子がいるんだって。だから、あたしとは付き合えないって」

クルミちゃんの言葉が、頭の中でわんわんとこだまする。

葉山くんの「好きな子」って、いったい――

「次は、リコちゃんの番だね。告白」

クルミちゃんが、じっとわたしの目をのぞきこんでくる。わたしは、クルミちゃんにとって恋のライバルなのに。クルミちゃんは、葉山くんにフラれてしまったあとなのに。それでもわたしに「がんばってね」と微笑んでくれる。

「うん。ありがとう、クルミちゃん」

だからわたしは、心からそう言った。ライバルの背中を笑顔で押すことのできる

クルミちゃんは、最高にカッコよくてすてきな、わたしの親友だ。

わたしも、葉山くんに告白しよう。その勇気を、クルミちゃんが分けてくれた。

「好きな子がいる」っていう葉山くんの言葉は、ものすごく気になる。わたしも同じ理由でフラれる可能性が高いということだから。それでも、気持ちだけは伝えようと、クルミちゃんのおかげで決めることができた。だけど、いつ、どんなふうに告白すればいいんだろう……？　さすがに今日、いきなりそんな勇気は出ない。

「あっ、崎浜《さきはま》さん！」

放課後、教室を出ようとしていたわたしは背中から呼び止められて、飛び上がりかけた。このタイミングでその声は、心臓に悪すぎる。

「は、葉山くん……どうしたの？」

「ちょっと、いいかな。話したいことがあるんだけど……」

振り返ったところに立っていた葉山くんが、首のうしろをかきながら、モゴモゴと言う。目は合わない。その様子と言葉に、思わずドキリとする。葉山くんの「好

きな子」って……なんてことを考えていたせいだ。とっさに顔が熱くなる。

「な、なに？　話って……」

　聞き返してから、わたしはハッとした。そばには、クルミちゃんがいる。葉山くんがわたしに声をかけたことに気づいて、とまどっている気配が伝わってきた。

「は、葉山くん、ちょっと待って――」

「じつはさ！」

　わたしの言葉にかぶせるように、葉山くんが声を上げる。ようやくわたしの顔を見た瞳《ひとみ》が真剣そのもので、ドキッと胸が弾《はず》んだ。

「いつ言おうかなって、ずっと、迷《まよ》ってたんだけど……」

　葉山くんは、目をそらさない。わたしのことを見つめる瞳《ひとみ》に吸《す》い寄《よ》せられるように、わたしも、葉山くんから目をそらせなくなっていた。目と目で見つめ合って待つ間、心臓の音がどんどん大きくなって、そのうち葉山くんに聞こえてしまうんじゃないかと思った。そのとき、葉山くんがすぅっと息を吸いこんだ。

「じつは、僕と同じ文芸部の友だちが、崎浜さんのことを好きみたいなんだ」

「……へ？」

「崎浜さんがテニス部でプレーしてるのを見て、好きになったんだって。それで、そいつに『聞いてほしい』って頼まれたんだけど……崎浜さん、彼氏っている？」

一拍《いっぱく》おいて、全身から力が抜《ぬ》けた。そのまま体が崩《くず》れそうになるのをなんとかこらえて、考えをめぐらせる。クルミちゃんが気づかうように、「リコちゃん……」とつぶやくのが聞こえて、その声に、わたしはまた勇気をもらった。

「彼氏は、いないよ」

「え、ほんと？」

「うん。でも――わたし、ずっと好きな人がいるの。だから、葉山くんの友だちの気持ちは、うれしいけど、こたえることはできない」

好きな人から、別の男の子を紹介されるなんて、完全に脈《みゃく》ナシだ。でも、「好きな人がいる」というわたしの言葉に、少しでも葉山くんがドキッとしてくれたらいいなって、そう思わずにはいられなかった。

けれど、葉山くんが浮《う》かべたのは、わたしが期待していたのとは違って、少し残

念そうな表情だった。

「あぁ、そうなんだ……。それじゃあ、仕方ないね。わかった。友だちには、ちゃんと伝えておくよ。ごめんね、呼び止めちゃって」

話は、それで終わりみたいだった。「ううん、大丈夫《だいじょうぶ》」と首を横に振って、わたしは葉山くんから目をそらした。眉《まゆ》を八の字にして立っていたクルミちゃんに苦笑いを向けて、唇《くちびる》の動きだけで「行こっか」と伝える。

そうして、クルミちゃんと一緒に教室を出ようとしたとき、「崎浜さん！」と、さっきよりも大きな葉山くんの声が飛んできた。

「好きな人に、気持ちが届《とど》くといいね。崎浜さんから告白されたら、絶対、その相手もうれしいと思う。きっとうまくいくよ！」

そう言った葉山くんが、今まで見たことがないくらい、とびきりの笑顔になった。その笑顔に、ごまかしようもなく胸がキュンとなってしまう。でも、それはけっして葉山くんには届かないのだと知った。

「うん。ありがとう、葉山くん」

せいいっぱい強がって、とびきりに見えるように笑顔を作って、今度こそわたしは教室を出た。廊下《ろうか》を歩く間、クルミちゃんは、ただただ寄《よ》りそっていてくれた。校舎の外に出てようやく、はぁ……と、体の中にたまっていた灰色の空気を吐《は》き出《だ》すことができた。ぽん、と、クルミちゃんが背中を優しく叩《たた》いてくれる。

「まったく、男子って、本当にニブいよね」

「ね」

わたしたちは笑い合って、手をつないだ。余分な空気が抜《ぬ》けて軽くなった体は、なんだか無性に甘《あま》いものを求めている。それをわかっていたかのように、クルミちゃんが、「駅前のアイスクリーム屋さんに寄っていかない？」と手を引いてくれた。

「うん！　行こう！」

たとえ、何が起こっても、クルミちゃんはわたしの一番の親友だ。

それだけはわかった。

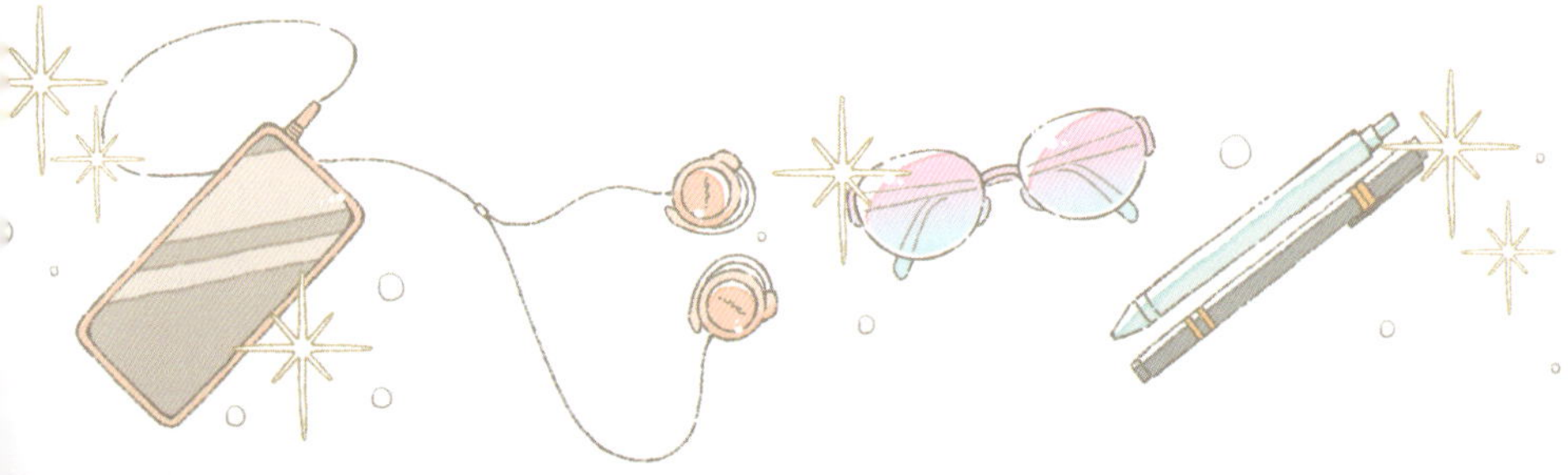

コミュニケーションのヒント

第3章
恋愛編

love

男子が思わずドキッとする仕草《しぐさ》や髪型、好感度《こうかんど》が上がる話し方など、恋愛上手になるためのポイントをレクチャー。ちょっとした工夫で恋の偏差値《へんさち》がぐっとアップするよ♡

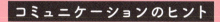

放課後

アンナ
どうしよ〜

ハルト
アンナどうしたの？

気になる先輩にアピールしてるんだけど、反応がイマイチなんだよね…
どんなアピールしてるの？

いろいろやってるよ♡
いつもよりスカートをちょっと短くしてみたり
上目づかいでじっと見つめたりとか

それ、男がかわいいって思う仕草とちょっとちがうかも
え、そうなの?
男子はどんなのが好きなの?
そうだな～
通りすがりにあいさつしてくれたり
おはよー
ドキッ
おう!!
耳に髪をかけたりとかね
ドキッ
ありがとうハルト
なーんだそんなことでいいんだね♪
ポン
…♡

コミュニケーションのヒント　恋愛編

恋愛コミュ力アップ術

男子と上手にコミュニケーションを取る力を「恋愛コミュ力」と呼ぶよ。しっかり強化してモテ女子に昇格《しょうかく》しよう！

男子と上手に
コミュニケーションがとれる力
＝恋愛コミュ力♡

恋愛コミュ力アップで 恋をもっと引き寄せられる

コミュ力は友だち同士でも大事だけど、実は恋愛においてもめっちゃ重要！　男子と上手にからめると、相手にとって気になる存在になるみたい。あざとく見えるのがイヤとか、恥ずかしいとか思ってる子もいるみたいだけど、男子は女子のあざとさは案外きらいじゃないみたい。勇気を持って一歩踏み出した者勝ち！　声かけられるのを待ってるだけはもう卒業。男子とも上手にコミュニケーション取れる子になろう！

恋愛コミュ力UPで
彼の恋愛対象に昇格しよう！

男子にとってぜんぜん興味《きょうみ》のなかった子が、急に恋愛対象になることがあるんだって！　それには「ドキッとする体験」や「この子、自分のこと好きなのかな？」って思わせるのが大事。相手とコミュニケーションが取れてうれしいことを言葉にして伝えたり、相手がこんな子が好きと公言《こうげん》してるなら、それに寄せてみたり、自分なりに行動してみよう。さらに積極的に話しかけて、ひんぱんに目を合わせられたらもう無敵《むてき》！　ノリのよさも大事だけど、女友だちで終わらないためには、ある程度《ていど》のかわいらしさも必要って覚えておこう。

男子に聞いた！

眼中になかった子が恋愛対象に昇格したエピ♡

ストレートな気持ちに胸きゅんしない人はいない！　恥ずかしそうな感じもかわいいよ♡

女の子から電話がきて「話したかった」と言われた！

好きな髪型を聞かれた次の日に、ヘアチェンジしてた！

「オレの好きな髪型にしてくれてる＝オレのこと好き」って方程式が脳内でぐるぐる…！

気になる子と仲のいい子と恋愛対象外の子の差って？

気になる子
- ☑ 積極的に話しかけてくれる
- ☑ よく目が合う

仲のいい子
- ☑ 男子のノリで会話できる

恋愛対象外の子
- ☑ 男子の前でキャラが変わりすぎる
- ☑ 言葉使いがきたない…！

ノリのよさや男の子と仲がいいのも大事だけど、かわいらしさもほしい…そのバランスが大事。

今の自分の力をチェック！
段階別♡必要な恋愛コミュ力

恋したい子にとって、「恋愛コミュ力」が重要なことはよーくわかったよね。次は、自分の恋愛コミュ力がどのレベルにあるのかを考えてみよう！ 今回は、男子とぜんぜん話せない「恋愛コミュ力なさすぎな子」、あざとく攻めたい「とにかくモテたい子」、そしてなぜか女友だち止まりの「あと一歩でつき合えない子」の3パターンで考えてみたよ。それぞれにあった恋愛コミュ力アップ術をしっかり仕込んで、気になる男子に接近したり、男子の輪に飛びこんでみよう。「彼の恋愛対象に昇格《しょうかく》するぞ〜！」って気持ちでね♡

＼ほんとうに男子と話せません…！／

恋愛コミュ力なさすぎな子
に必要な恋愛コミュ力

話さなくても「印象いい子」をとにかく定着

好きな子の前ではとにかく笑顔&ポジティブキャラ

笑顔とポジティブな言動でプラスのオーラを放出《ほうしゅつ》！ それだけでキラキラした子に見えるよ。

ハンカチ・ばんそうこうを持ち歩く

清潔感は恋する女子に絶対に欠かせない！ こまってる子に貸してあげるのもポイント高いよ。

＼さらにおすすめ恋愛コミュ力♡／

一日何回も目を合わせる

よく目が合う子が気になる！ だって自分のこと、いつも見てるからでしょ？ by男子

＼あざとくてもいいですか？／

とにかくモテたい子

に必要な恋愛コミュ力

とことん「いい女子」をつらぬく

写真はエアドロップじゃなくてLINEで送って連絡先ゲット

写真を送るとか、見てほしいものがあるって口実《こうじつ》で、LINEのIDを教えてもらおう！

下の名前＋くんづけで呼ぶ♡

ほかの子とはちがう「○○くん」呼び。これは特別感あって、男子もドキッとしちゃう！

＼さらにおすすめ恋愛コミュ力♡／

自然なボディタッチ

さわりまくられるのは苦手だけど、適度なボディタッチのあざとさは好き♡ by男子

＼なぜかいつもうまくいかない…／

あと一歩でつき合えない子

に必要な恋愛コミュ力

彼のドキッを意識してみる！

目が合ったら口パクで「なに？」と言う

目が合うだけでも気になっちゃうのに、この二人だけの秘密感は反則級のドキドキ！

彼を呼ぶときはそでをツンツンする

なんかドラマみたい…！　物理的に距離《きょり》を縮《ちぢ》められて、目を見て話すきっかけにもなるよ。

＼さらにおすすめ恋愛コミュ力♡／

「好きにちがいない」と確信を持たせる！

「好き」をアピールされたら、「友だち」枠から「恋愛対象」枠になるかも。by男子

さらに距離が縮まる！
恋愛コミュカ＋αテクニック

いつもモテてる友だちを見て、「かわいい子はいいよな〜」「自分なんて…」ってため息ついてない？　それはズバリ、アナタの思いちがい！　モテてる子は、恋愛対象になり続けるために努力を重ねてるんです。つまり努力をすれば、誰でもモテる子になれちゃうってワケ。身に着けたいのは、「＋αの恋愛テクニック」。ちょっとした仕草や言動を、恋愛スイッチONにしてやってみれば、彼の目に魅《み》力的《りょくてき》に映るはずだよ。今回は、じっくり距離《きょり》を縮《ちぢ》めたい派と、ライバルに彼を取られる前に急いでアプローチしたい派の2つの方法を伝授《でんじゅ》！

\ じっくり彼と仲よくなりたい /

ゆっくりアプローチ派の＋αテク

笑うときは手をそえて品よく

よく笑う子は印象《いんしょう》いいけど、ゲラゲラ下品な笑い方は恋愛的にNG。手をそえてお上品に♡

相手の目を見つめて、さりげない上目づかいが最強。がっつりやりすぎないように注意！

話しかけられたら上目づかいで「ん？」と聞き返す

好きな人の目を見ながらほめる!!

男子はほめられるとゴキゲンがよくなる生き物。好印象《こういんしょう》を持ってもらうきっかけになるよ♪

「彼だけに」というのがポイント。ほかの人に言うときより、1段ギアを上げて言ってみよう。

「おはよう」「バイバイ」を毎日彼だけに言う！

ほかの子とつき合う前に!

お急ぎアプローチ派の+αテク

好きバレさせてから毎日LINEをする!

相手に好きの気持ちがバレてるなら、積極的《せっきょくてき》にLINEして意識させちゃうアプローチも!

「彼氏がほしい」と公言してからクリスマスの予定を聞く!

「オレを彼氏にしたいってこと!?」と彼のモーソーをふくらませちゃう作戦で!

ろう下などで手をふったあと、LINEで「気づいた?」と送る

まわりの子に冷やかされない程度《ていど》にさりげなく手をふって、二人だけの秘密のLINEに♡

ニコ㋲がやってる♡恋愛モテテク

とびきりの笑顔でありがとう♡

感謝の気持ちは照れずにちゃんと伝える! 魅力的な笑顔を届けるチャンスだよ。

毎休み時間にトイレで前髪を整える

前髪は女子の生命線! くずれた前髪じゃ自信を持って彼の前に立てないよ!

香水を1プッシュ

香水はつけすぎると「くさい!」と不評《ふひょう》なので、清潔感《せいけつかん》が出せる香りをほのかにね!

コミュニケーションのヒント　恋愛編

男子が「かわいい」と思うしぐさって？

男子から「かわいい」って思ってもらえる仕草や言動を徹《てっ》底解析《ていかいせき》！　男子目線はどうなってるのかを教えるよ！

男子300人に聞いた！
女子のこれってかわいい？

アナタのそのしぐさ 男子はけっこう見ているよ

たとえば、JC界隈《かいわい》でよく言われてる「男子はポニーテールが好き」にしても、真実か？　都市伝説か？　ぶっちゃけ女子にはその正解がわかりません！　だから男子はどんなしぐさや言動に「かわいい」を感じるのかを、ニコラが全国の中高生男子300人にアンケート調査。その結果をみんなにしっかり伝授《でんじゅ》します！　しぐさや言動は日々のことだから、男子をきゅんとさせられるチャンスは毎日あるってこと♡

そもそも男子って
女子のことどのくらい見てるの？

正直、男子の生態はナゾだらけだよね。そもそも女子とかかわりたいと思っているのか、女子のどこに注目して見ているのか、どんな女子を苦手に思うのか…。わからないことは男子に直接聞いちゃえ！ってことで、アンケート結果をまとめてみたよ。その結果、女子が男子を気にしてるのと同じように、ふだん素《そ》っ気《け》なく見える男子たちも、実は女子の存在を気にしてるらしい。そしてなにげなく、顔まわりや脚もとをチラチラ見てることも発覚…！そんな男子目線を知ることで、私たちが日々気をつけるべきポイントが見えてきたよ。

女子のここがイヤってとこは？

裏で悪口

かたまりすぎ

悪口や仲間はずれ、グループでかたまったり、上下関係があったりするのがこわいって…。

1軍とか2軍とかグループ分け！

推しにお金をみつぐところ

女子のどこ見てるの？

1 顔（特に目！）

2 脚

3 髪

やっぱ顔かーい！ってツッコミ入れたくなるけど、特に目の印象《いんしょう》がポイントみたいだよ。

女子と話すのは？

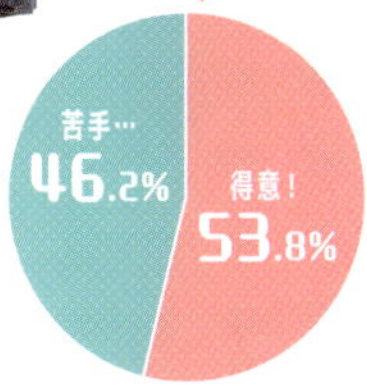

苦手…
46.2%
得意！
53.8%

半分近くの男子が女子と話すのが苦手という結果に。相手によっては女子がリードして！

女子の目を気にする？

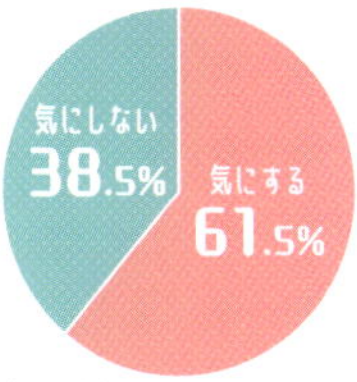

気にしない
38.5%
気にする
61.5%

無《む》関心《かんしん》をよそおってても、実は女子からどう見られてるか、半分以上の男子が気にしてる！

学校で「かわいい」と思うしぐさって？

みんなが一番知りたいのが、学校でできる「かわいい」と思われるしぐさだよね！ 毎日コツコツと「かわいい」を続ければ印象《いんしょう》アップだし、逆に「かわいくない」が続くと恋愛対象からどんどん遠ざかる結果に…。だからこそ、男子目線での「かわいい」を意識して行動するのが大事。男子的には、さりげないボディタッチやあいさつといった「女子からの行動系」と、髪を結び直したり居眠りの横顔を見たりする「男子が目撃する系」の2種類の「かわいい」があるらしい！ 場面ごとにあざとく使い分けて、かわいいポイントをいっぱいゲット♪

さりげないボディタッチ

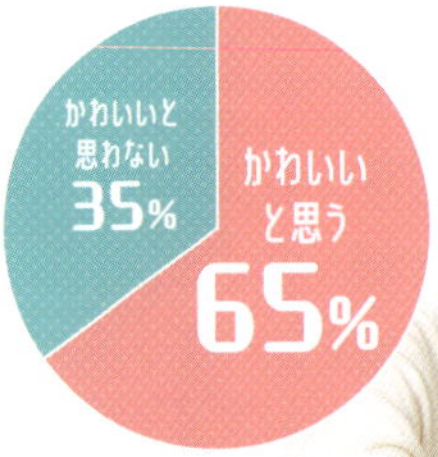

「やりすぎは引く」というのが男子の共通意見。ここぞってときに自然にくり出すべし！

萌えそで

大きいカーデに包まれているだぼ感や、寒そうにしてる感じが7割以上の男子のツボに！

すれちがいざまにあいさつ

あいさつしない女子が多い中、声をかけられるとドキッとして、ふり返りたい気持ちに♡

居眠りしてる寝顔

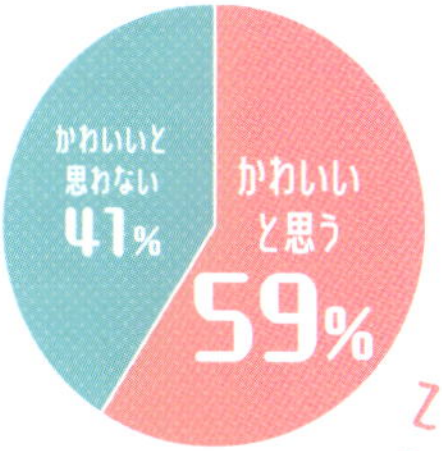

無防備《むぼうび》な寝顔にドキッとする男子が約6割。白目やヨダレにはお気をつけください！

髪を結び直す

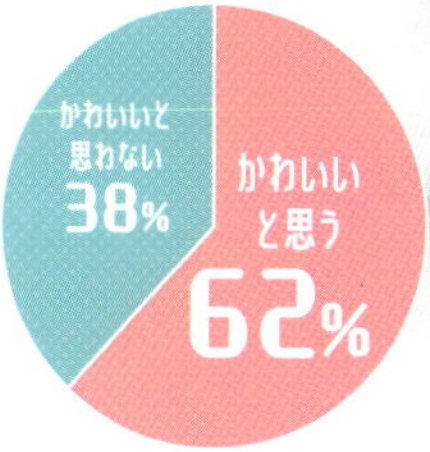

「おくれ毛がファサッとなるところがいい」「ゴムを口でくわえてる姿も好き」という声が！

反対に「かわいい」と思わないしぐさは？

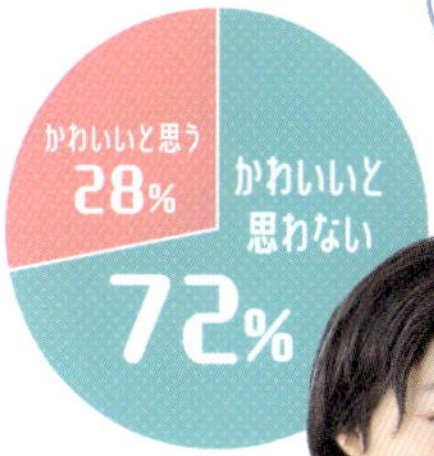

甘える

「好きな子ならうれしいが…」が男子の本音。ぶりっこに見えちゃうから基本はナシで！

短すぎる制服スカート

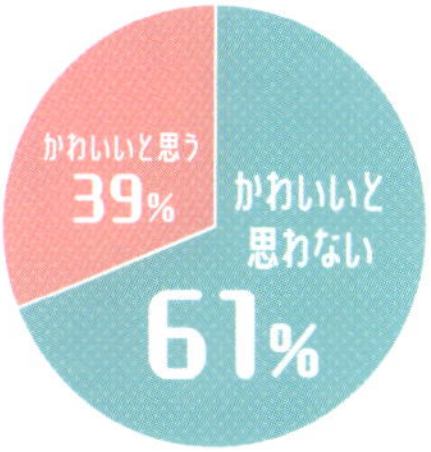

校則をやぶってまで短くする意味がわからないらしい。強めに見えちゃうのもソン！

プラベで「かわいい」と思うしぐさって？

プライベートで男子と遊ぶ機会がめったにないからこそ、その少ないチャンスをモノにしたいよね。まず最初にやることは、校則がないぶん、自由に自分らしさが出せるので、洋服や髪型などでイメチェン！　ふだんポニーテールの子はおろしてみたり、アップヘアでもおくれ毛を軽く巻いてみるのもいい感じ♪　コーデはだぼ服が人気で、男子的にもおそろいっぽさがうれしいみたいだよ。ポイントは「ふだんとのギャップ」です。男子とおでかけする機会がない子は、修学旅行で実践《じっせん》してもOK！　男子目線を意識してやってみよう♡

だぼっと私服

女の子っぽいのもいいけど、意外と人気のだぼ服。「自分の服を貸してあげたくなる」って声も多数！

髪を耳にかける

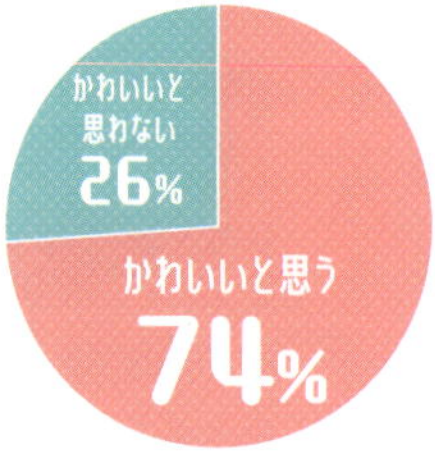

おろしヘアだからこそできる特権的《とっけんてき》しぐさ。耳と逆側の手でかけるのがいいらしい♡

いつも結んでる子のおろしヘア

ギャップねらいの代表選手！　髪がサラッとおりてるだけで、男子の心に刺さるんだって。

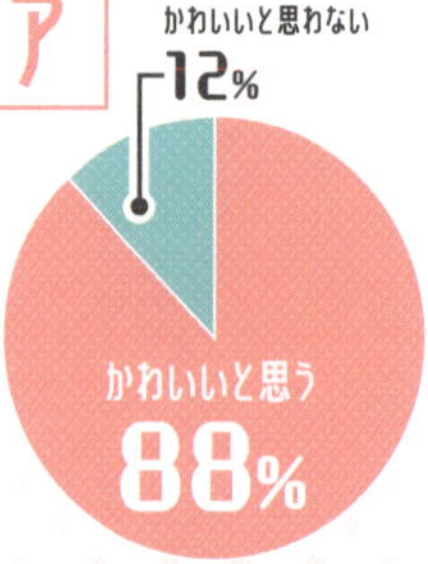

男子の9割が好評価

全方位ウケかわいいしぐさ♥

ここで男子が考える「女子のかわいい」の王道を紹介するよ！ 女子からしたら、あざとすぎて大丈夫？って思うことも、男子の目には魅力的《みりょくてき》にうつることが多いみたい。演技っぽくなっちゃうとさすがにやりすぎだけど、「おいしい！」「楽しい！」とかちょっと大きめなリアクションにして、男子の視線をひとりじめしよう♪ また、男子が好きな女子の髪型にも傾向《けいこう》が。ちょっとこった髪型でアピールしたい気持ちもわかるけど、実はシンプルなポニーテールが一番人気でした！ ポニーテールなら朝のしたくも簡単で助かるよね～♪

目が合ったときにニコッ♡

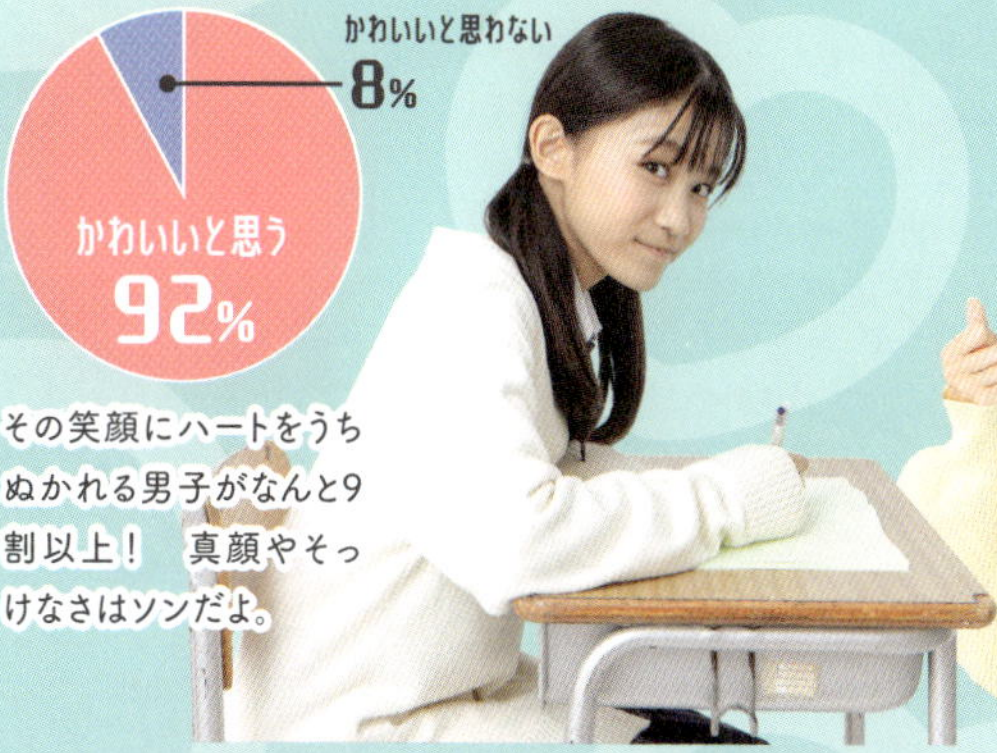
かわいいと思わない 8%
かわいいと思う 92%

その笑顔にハートをうちぬかれる男子がなんと9割以上！ 真顔やそっけなさはソンだよ。

ごはん食べてるときのおいしそうな表情

かわいいと思わない 10%
かわいいと思う 90%

ハッピーな感情が表に出る子って親近感《しんきんかん》がわくし、「絶対いい子！」って認識《にんしき》されるとか。

ちなみにかわいいと思う髪型は？

好き嫌いが分かれる

ツインテール

かわいいと思う 30%
かわいいと思わない 70%

ちょっと幼いかんじや、キュートすぎる印象《いんしょう》があるみたいで男子人気は低めでした…。

ギャップをねらうなら！

おだんご

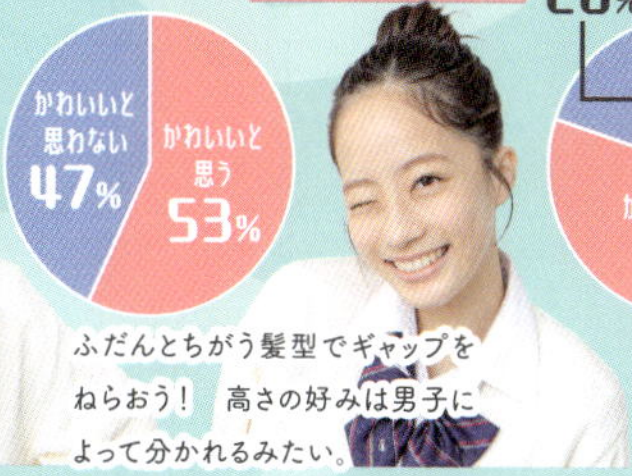
かわいいと思わない 47%
かわいいと思う 53%

ふだんとちがう髪型でギャップをねらおう！ 高さの好みは男子によって分かれるみたい。

一番人気

ポニーテール

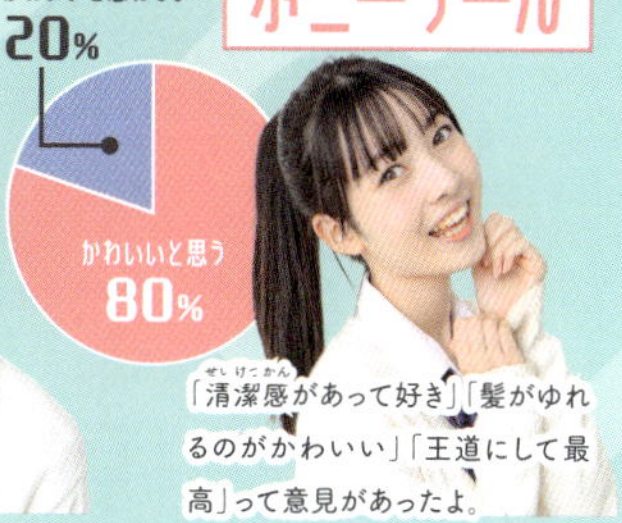
かわいいと思わない 20%
かわいいと思う 80%

「清潔感《せいけつかん》があって好き」「髪がゆれるのがかわいい」「王道にして最高」って意見があったよ。

コミュニケーションのヒント 恋愛編

好きバレする派？しない派？

みんなは好きバレしたい派？ したくない派？ それぞれのメリット&デメリットをおさえて恋の成就《じょうじゅ》をめざそう！

もっと近づきたい…
でも気持ちは
バレたくない…

好きな気持ちは
かくさず伝えたい！

「好きバレ」は自分の気持ちに正直に、かつ戦略的《せんりゃくてき》に！

「好きバレ」とは、好きな人に自分の気持ちがバレてしまうこと。そんなの恥ずかしくてムリ〜って子。好きって気持ちを正直に伝えてもっと積極的《せっきょくてき》にいきたい！って思う子。どっちも正解です！ まずは自分の気持ちにしたがってムリせず行動するのが、ストレスなく恋の空気を楽しむヒケツだよ♡ その次に、それぞれに効果的な行動パターンを知って、戦略的にくり出すのが恋をかなえる近道！

イマドキ中学生のキーワード＝"好きバレ"

ニコラのＪＣアンケートによると、好きバレしたくない派が約7割と多いのがわかったよ。なによりも恥ずかしいし、まわりから冷やかされるのもイヤ！　それにバレたときの相手の反応がこわい…って声も。慎《しん》重《ちょう》になるその気持ちよーくわかるよ。逆に、好きバレしたい子は、とにかく恋に積《せっ》極《きょく》性《せい》のあるタイプがほとんど。好きバレしたら逆に行動しやすくなってどうどうとアピールできるし、好きな人を意識させることもできて一《いっ》石《せき》二《に》鳥《ちょう》なんだって。どっちを選ぶかは自分次第。それぞれのメリット、デメリットを知って行動しよう。

みんなは好きバレしたい派？　したくない派？

ぐんぐん攻めたい積《せっ》極《きょく》派《は》は、好きバレをむしろしたいタイプ。相手にも意識してもらえるしね。

積極的な子も意外と多い！

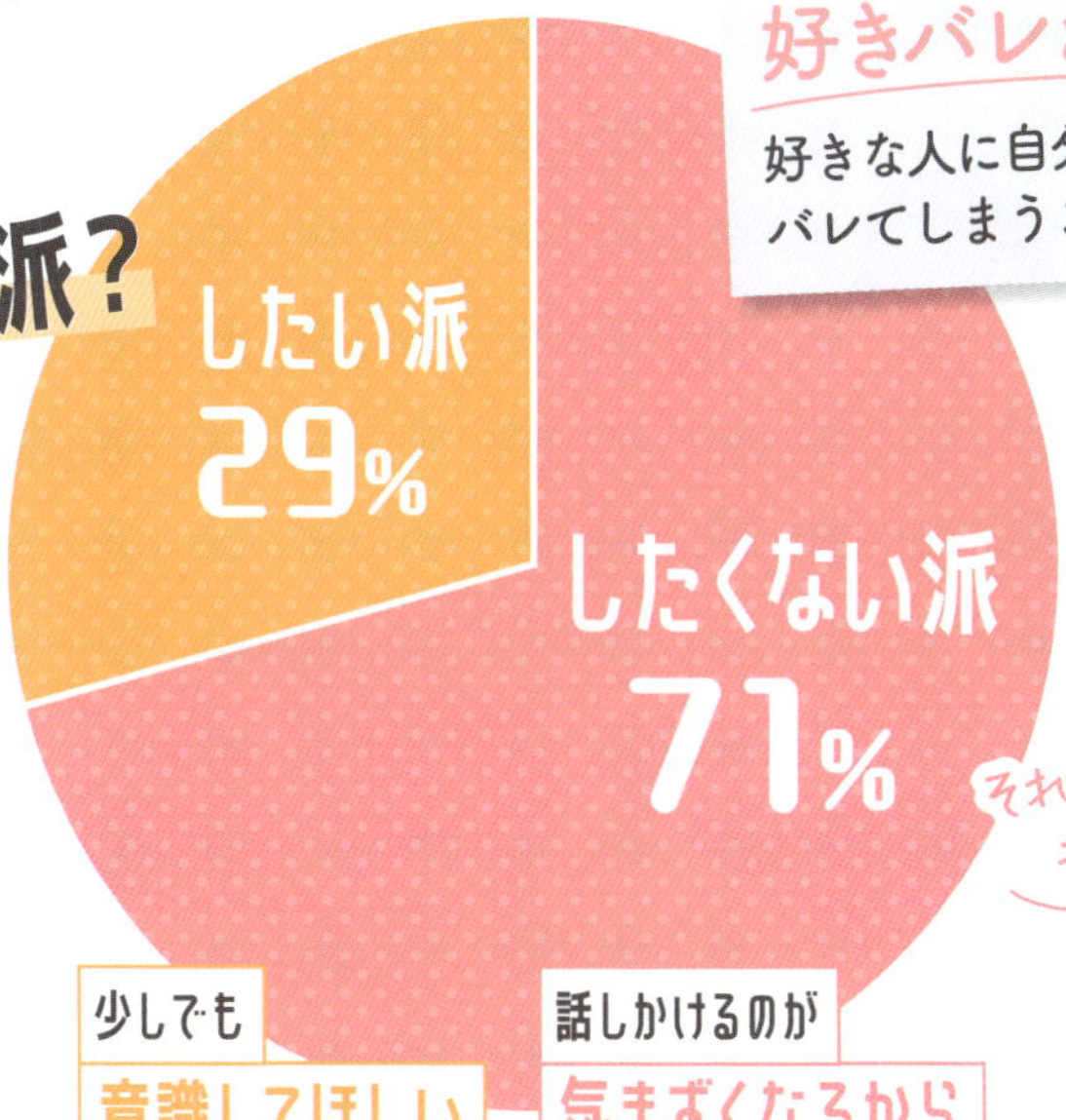

好きバレとは…

好きな人に自分の気持ちがバレてしまうこと。

それぞれメリット&デメリットがある

少しでも意識してほしい

中2・ゆっきーちゃん

アピールしやすくなる

中1・もなかちゃん

話しかけるのが気まずくなるから

中3・あーたんちゃん

相手とちがう気持ちだったら傷つくから

中3・ラムネちゃん

今後の関係性がややこしくなるし、好きバレ段階で脈ナシと感じるのはあまりにショックとの声が！

好きバレしたくない派の恋テク♡

「好きな人を見てるだけで幸せ」「しずかに彼を見守りたい♡」って気持ちに共感の嵐。だからといって、遠くから見つめるだけじゃ恋の進展は望めません！　実際、なんのアプローチもしないうちに、彼がほかの子を好きになっちゃった…というのも、よくあること。だから、ひかえめさをキープしつつも行動あるのみ。こまめにLINEしてみたり、なるべくたくさん話しかけたりして、相手の意識の中にアナタの存在をしっかりインプットさせることが必要不可欠だよ。万が一、好きバレしたときの対処《たいしょ》法《ほう》も教えておくね。

好きバレしてない彼へのアプローチ

返信きたっ♡

LINEをたくさんする!!

学校で話すとまわりの目が気になるって子はLINEを活用しよう。話題も広げやすい！

この前先生がさ〜
そーなんだ

意識してないふりをしてたくさん話しかける!

あくまで友だちのスタンスで話すのがコツ！　まずは話しやすい子って認知《にんち》させよう。

貸して〜♪
いいよ!!

プリを撮るために彼から上着を借りる

「学ランプリ撮るからかして！」って気楽な感じで聞くのが◎。思い出も深まるよ〜！

そうだな〜
どんな子が好きなの？

友だちに情報を聞き出してもらう!!

彼の恋バナ関係や趣味など、友だちに聞いてもらう作戦。その横で話しの聞き役に！

好きバレしたときの対処法

ち、ちがうから
つつつ

とりあえず否定する!!

「聞かなかったことにして～」って気持ちをこめて。でも否定しすぎも印象《いんしょう》悪いから注意。

実は…♡
え!?

そのまま告白しちゃう

正直いけそうな関係性なら、これをチャンスととらえて告白しちゃうのもあり…！

\ 男子ボイス /

ラブハプにもっていこう

好きと言われてうれしくない男子はいない！

男子的には、好きバレのハプニングを好意的《こういてき》に受け止める声が多く、むしろチャンス！

好きバレしなくて失敗したエピソード

他の子が先に告白してつき合っちゃった…。

誰かに先をこされるのはくやしい！　女子の恋バナにも耳をすませて先手必勝で。

彼が他の子を好きになった！

アピール不足の自分を後悔《こうかい》することに。好きバレせずとも、ちゃんと距離《きょり》は縮《ちぢ》めておこう！

3組

1組

クラスが離れてまったく話さなくなった(泣)。

存在すら忘れられちゃう危機！　同じクラスのときにしっかりアピールしておかないと！

好きバレしたい派の恋テク♡

恋を積極的《せっきょくてき》に進めたい子にとっては、好きバレ上等《じょうとう》！ むしろかくすことがないから、どんどんアピールできる♪と、好きバレしたくない子にとっては脅威《きょうい》の存在。また、恋してます宣言しているぶん、彼へのアプローチの幅は広がるし、恋のかけ引きも楽しめちゃうしで、片思いをめっちゃ楽しめるのも好きバレ派の魅力《みりょく》♡ その一方で、好きバレ派がおちいりやすいのが、しつこくしすぎちゃうこと。相手の気持ちを尊重《そんちょう》するのも「愛」だよ。グイグイこられて重い…と感じる人もいるから、気持ちを押しつけすぎないように注意しようね！

好きバレしてる彼へのアプローチ

デートに誘ってみる

好きバレしてたらこわいものナシ！ OKしてくれたら、かなり脈アリと考えてよさそう♡

あえてそっけない態度をとる

いわゆる「ツンデレ」ってヤツ。彼を「あれ、どうしたのかな？」って気にさせちゃう作戦。

どうどうと好きと言って意識させる

「こういうところ好き～！」とか、会話の中にちりばめて、彼をどんどん意識させちゃおう♡

LINEで電話する

ハードル高めの電話も好きバレしてたらどうどうとできる。そりゃ男子も意識しちゃうって！

自然に好きバレさせるテク

私はねー
好きな人だれ?

わざと大きな声で 恋バナする♡

相手に聞こえるくらいのボリュームで好きな人の話を♡　自然をよそおう確信犯《かくしんはん》!

え?オレのことを♡

あえて口の軽い友だちに 好きな人を教える

「広めていいよ」の気持ちをひそかにこめて。うわさになったらもう仕方ないしね〜。

♡=8😊⚽
大好き〜!!
セナ
今日話せてうれしかったな〜♡
トーク
音声通話
ビデオ通話

LINEやストーリーでにおわせる

LINEやインスタグラムのストーリーズで、彼への好きがあふれるコメントを投稿♡

好きバレして失敗したエピソード

ガーン
ムリ!!

「好きじゃないとつき合えない」と一方的にフラれた…!

告白もしてないのに一方的にフラれちゃうなんて…。つらいけど、次の手を考えるチャンス!

アタックしすぎてLINEとインスタをブロックされた!

さすがにしつこすぎたのかも。こうならないためにも、迷惑にならない程度《ていど》でがんばろう!

ちーん

彼からさけられるようになった…。

恥ずかしいのか気まずいのか?　彼の気持ちを尊重して、今はそっとしておくのが正解かもね。

コミュニケーションのヒント 恋愛編

他クラス男子と距離を縮めたい！

同じクラスじゃないだけで、すんなりいかない切ない恋。
だけどこれが超青春！ この距離感《きょりかん》を楽しまなきゃね☆

ぜつみょうな距離があるからキュンとする♡

すぐ手が届く距離じゃない特別な恋にキュン…！

ひと目ぼれしたほかのクラスの人が好き、好きな人とクラスが別れちゃった、学年がちがう人が好き…そんな少し距離のある恋をしてる子も少なくないはず。同じクラスじゃないから、常に彼を見つめられるわけじゃないから、彼の様子が細かくわからない。だからこそ、彼のことが余計に気になっちゃう！ ここでは、その距離を縮《ちぢ》めて恋愛対象になるためのテクニックを紹介するよ。

他クラス男子との恋って青春だ！

距離があるからこそ、さらに燃え上がる他クラス男子への恋心。他クラスってだけで特別感あって青春だよね！ 同じクラスの男子に感じたことのない尊《とうと》さを感じるのはなんでだろう♡ この恋を思いっきり楽しんじゃおう。その出会いは委員会や部活が多いみたいだけど、中にはすれちがいざまのひと目ぼれや、クラスが離れて初めて「好き」って気持ちに気づいたって子も。自力でコミュニケーションを取るにはかなりの勇気と行動力が必要だから、友だちに協力してもらってる子も多いよ。恋がかなった先輩たちに成功談を聞いてみよう！

成功者に聞いた!!

他クラス男子と恋が実ったきっかけ♡

友だちに協力してもらった

まかせて
神♡

彼と同じクラスの子や近い距離にいる子は、彼の情報も持ってるから協力をたのむのもアリ。

委員会の帰りが一緒だった

思った〜
委員会長くね？

委員会や部活、そして塾で出会うパターンも！ 帰り道で仲よくなることが多いみたい。

クラスが離れて好きだと気づいた

オレ、あいつのこと…
私、彼のこと…

話せなくなってさびしいとか、顔が見たいとか。少女マンガみたいな気持ちになる♡

毎日LINEしてた

返信こいっ！

毎日LINEしている子は脈アリの予感。ふだん話す機会が少ないぶん、LINEでがんばったって。

両想いになるための距離別テクニック

他クラス男子といっても、まったく話したことのないひと目ぼれケースから、部活や前のクラスが一緒でひとまず会話することはできる関係性まで、距離感《きょりかん》レベルはさまざま。そのレベルによって、恋のアプローチはおのずと変わってくるよね。たとえ、自分は認知《にんち》されてないかも…という絶望的《ぜつぼうてき》な距離感だったとしても、あきらめないでOK。逆に近めの距離感なら友だち以上になる努力をすればいい！　今の自分がどのレベルだとしても、目標はどれも「両想い」だから、相手に想いが届くようにどんどんアプローチしていこう！

彼との距離 ★☆☆☆

同じクラスになったことない

いつ会ってもいいように身だしなみを整える

今日はすれちがえるかな♡

いつ会えるかわからないからこそ、奇跡の一瞬を最高の状態にしておきたい！

とにかく視界に入るようにする

えーすごーい！
そんなに？

ろうかで見かけたら大きめな声で話す！　存在を見つけてもらうにはそのくらい大胆《だいたん》に。

彼との距離 ★★☆☆

顔見知りレベル

他の友だちに会うふりをして彼を見に行く

いるかな
この前のあれ貸して～

友だちに協力してもらって、彼のクラスによく顔を出そう。まずは「よく見る子」からスタート。

すれちがうときぶつかるギリギリを歩く

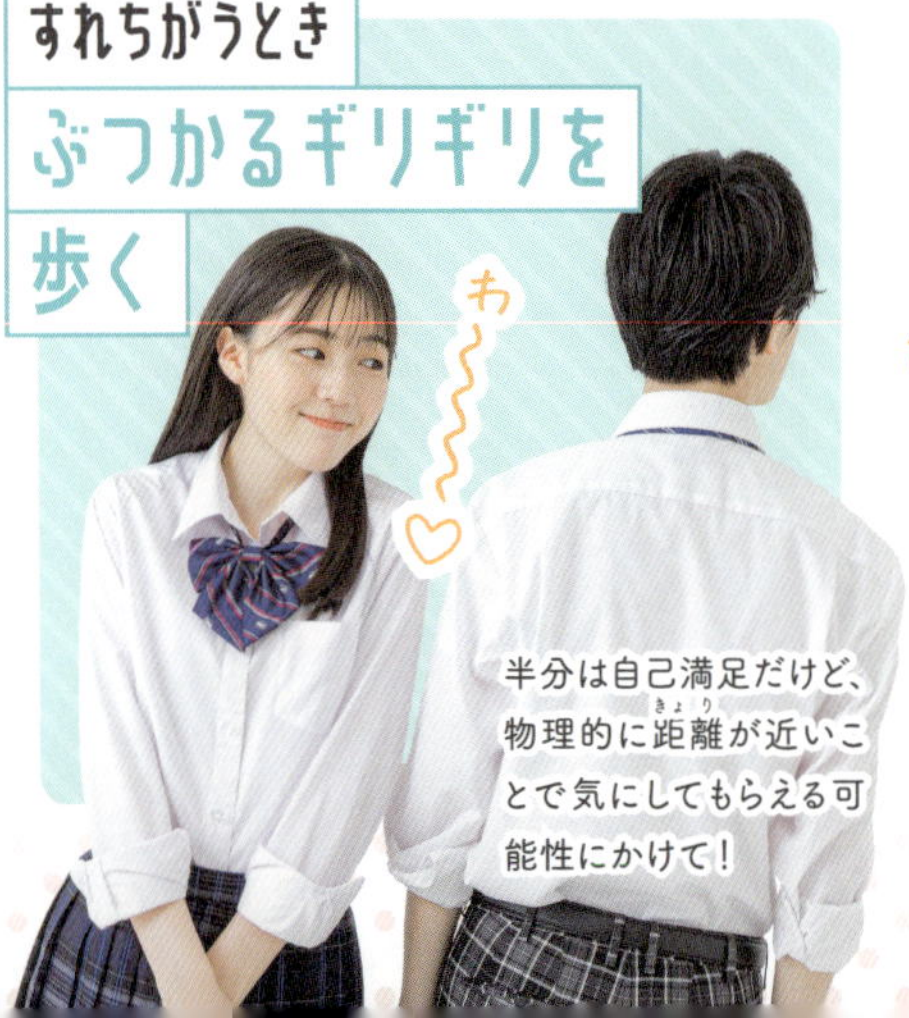

わ～～～♡

半分は自己満足だけど、物理的に距離《きょり》が近いことで気にしてもらえる可能性にかけて！

彼との距離 ★★★☆

あいさつはできる

すれちがうとき ニコッとする

よっすー
おはよー

あいさつ以上の話をしたいと彼に思わせるには、やっぱりさわやかな笑顔が効果的♡

SNSをフォローする

あいさつできる仲なら、SNSのフォローも普通のこと。フォローしたよとメッセージを送ろう！

好きな人の友だちと仲よくなって一緒に話す

なに？
エイトも来いよ
きたーー！

友だちの友だちは友だち～ってことで♪　めぐりめぐって仲よくなれる可能性に期待！

彼との距離 ★★★★

けっこう仲よし

好きバレしたらとにかくアタック

えっ!?
ねえ好きな人いる？

ここまでしてバレたらもう開き直るしかない！　猛烈《もうれつ》アタックで両想いに持っていこう☆

たくさん話しかける

エイトっ
おー

ろうかや委員会室、塾などかぎられたチャンスを逃《のが》さないで積極的《せっきょくてき》に話しかけようね。

教科書を借りる

ありがとう♪
はい、これ

授業時間がかぶらないからこそできる技。同じクラスの女子に見せつける気持ちで！

SNSで上手に距離を縮めよう！

ふだん簡単に会えない距離《きょり》にいるからこそ、インスタグラムやTikTokなどのSNSを上手に活用して距離を縮《ちぢ》めていくのがオススメだよ。とはいえ、SNSとの距離感は人によってちがうし、使い方によっては相手を不快な思いにさせることもあるから注意してね。自分のやり方を押しつけることなく、相手の出方を見ながら対応していこう。まずは簡単なあいさつや相手の投稿へのいいね、コメントなどの反応からスタート。そのコミュニケーションがスムーズにできてきたら、DMでもっと深い話に発展してみてもいいと思うよ☆

SNS会話ネタ&テクニック

ストーリーに反応する

私もそれ好き！

なにそれ!?

インスタグラムのストーリーに反応してみて。相手も悪い気はしないと思うよ。

フォロバしてくれたタイミングであいさつ

フォロー返してくれてありがとう

●●と同じクラスの▲▲です

SNSをフォローバックしてくれたタイミングを逃さず、そこでありがとう&自己紹介をDM！

イベントネタをふる

体育祭おつかれさま

誕生日おめでとう！

学校イベントのときは、テンションが上がって、恋のマジックがかかりやすいってウワサだよ♡

クラスがちがうからこそ聞ける話をする

合唱コンの歌決まった？

最近うちのクラスで●●ハヤってて

他クラスのことって意外と知りたい。おたがいの話をすれば盛り上がることまちがいなし！

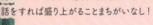

他クラス男子との

胸ギュ〜〜〜ンエピソード

気をつけて⚠

他クラス男子に恋すると、胸がぎゅーんとなる瞬間があるのも事実。たとえば、彼がクラスの女子にかこまれてるのを見たり、行事で彼がクラスメイトと仲よく盛り上がっていたり…。そんな姿を見ると、私ももっと近くにいたいのにって、切ない気持ちになるよね。また、離れている分だけ恋心が大きくなることもあれば、逆に心の距離が遠のくことも。あんなに好きだったのに、なんでか彼にトキメキを感じなくなってる自分がいたり…。どんな場合でも自分の気持ちに正直に、その経験も青春の一部と思って恋を楽しんでね！

共通の話題が減っちゃった

前まで同じクラスで仲よかった場合のあるある。うまく話せなくなって悲しい…。

クラスの前を通ったら彼のまわりに女子が集まってた

彼が人気者なのはいいことだけど、やっぱりモヤモヤ＆嫉妬《しっと》しちゃうのが本音！

本当に好きかわからなくなった

突然、気持ちが冷めてることに気づくことも。これは次の恋の始まりってことかもよ！

同じクラスの人に恋してたら行事がもっと楽しくなるのに…。これも受け入れなきゃ！

学校行事の班は絶対一緒になれない

コミュニケーションのヒント　恋愛編

長期休み前後の恋のススメ方

待って！　長期休みはうれしいけど、その間は彼と会えないってこと!?　休みに入る前に行動しなきゃ！

長期休みは恋のビッグチャンス！勇気を出して誘ってみよう

長期休みは一緒に遊ぶチャンスがいっぱい！

夏休みなど、長いお休みは誰でもウキウキするよね♪　でも、気になる彼と会えないことに気づいて悲しくなったりしてない？　大丈夫、長期休みは彼とプライベートで接近する大チャンス！　連絡先を知らないからってあせらなくてOK。まず、休みに入る前に「連絡先ゲット大作戦」を決行！　それができたら、休みに入ってからもいつもとちがう形で会う機会が作れるよ。長期休みが明けるころには距離《きょり》が縮《ちぢ》まってるかも♡

まずは気軽に連絡がとれるようになろう！

長期休みに恋を進展させるには、彼と連絡をとる必要があるよね。連絡先を知らない子は、休みに入る前にゲットしなきゃ！　まずは多くの子が活用しているLINEのID交換から。直接交換できないときは、クラスのグループLINEから彼のIDを追加して、「フォローしたよ！」とメッセージを送るのも◎。無言でフォローされると不気味《ぶきみ》に感じる人もいるみたいだから、メッセージは必須《ひっす》だよ。無事に連絡先をゲットできたら盛り上がりやすい話題を選んで、相手の話を聞いたり、自分の意見を言ったりして会話をつなげる努力をしよう。

連絡先交換のきっかけは？

OK！
LINE教えて

☑ となりの席になったとき

追加っと♪

☑ クラスLINEから追加する

席が近かったらその勢いで聞く！　直接聞けなかったらクラスLINEからの追加って作戦も。

男子的にDMってあり？

気軽に話せるのはDMだと思う！

インスタのDMは気軽にできるのが魅《み》力《りょく》。だから最初はDM派の男子も。

無言フォローはなしかな…！

LINEでもインスタでも、無言フォローは少しこわいので注意しようね！

男友だちとの連絡でよく使うのは？

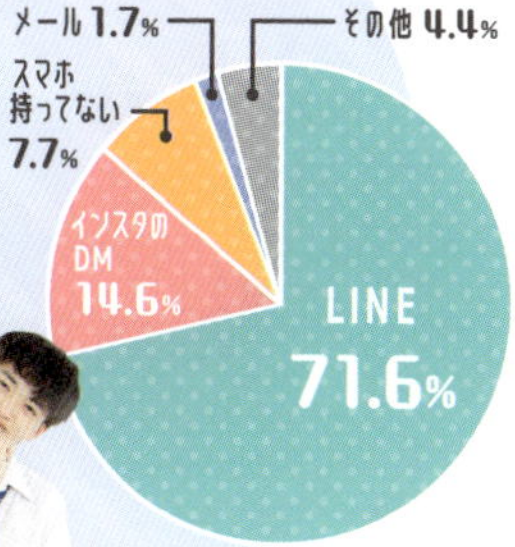

LINE 71.6%
インスタのDM 14.6%
スマホ持ってない 7.7%
メール 1.7%
その他 4.4%

連絡をとるとき、どんな内容がいい？

☑ 部活・スポーツ・ゲームなど男子が好きなこと

☑ 明日の授業・友だち・学校のこと

☑ ストーリーに反応してそこから広げる

彼の得意分野や共通の話題がスムーズ。インスタのストーリーの感想を送ってもいいね！

男子が続けたくなる会話って？

感想だけじゃなく自分の意見があると◎

「おいしそう」って感想だけより、「どこの店？」って質問の方が返信しやすく、会話も続く！

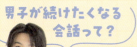

休み中のイベントで進展させるには？

夏祭りや遊びなど、気になる彼と会えるチャンスをゲットしたら、次はがんばって距離《きょり》を縮《ちぢ》めるモードをスイッチオン！　まずは、写真撮影がおすすめ。思い出が作れるのはもちろん、その後に「送るね」って個人的に連絡をとる口実《こうじつ》ができるよ。あとは、さりげなく彼のとなりをキープして少しでも多く話すこと。最初は「宿題終わった～？」みたいな世間話から始めて、会話が盛り上がってきたら休みの思い出を聞きつつ恋愛トークに持っていくの！　ふだんの学校&制服じゃない特別な環境で、彼の心も開放的になってると思うよ♡

彼を撮影 ➡ 写真を送りながら「ありがとう」と連絡

サンキュー
コレあとで送るね♪

相手の写真など思い出の共有はマスト！　当日のお礼から、会話を続けるきっかけにも。

男子がジャッジ
撮って終わりは悲しいな。ボクにも送ってよって思っちゃう！
その日の楽しかった思い出について会話できるとうれしいな♪

宿題トークから一緒に勉強する約束

宿題終わってなーい
じゃ、一緒にやる？

勉強できる相手なら「教えて！」で、そうでもない子には「一緒にやろ！」って感じで次の約束を取りつけよう。

休み中の思い出を聞きつつ、恋愛トーク

「夏休みなにしてた？」から始めて、さりげなく恋バナに突入。男女グループでも盛り上がるよ！

夏休み
なにしてたのー？
祭

撮るよ〜
祭

がんばって2ショットを撮ってみる！

一緒に来た全員とまず撮って、そのあと「一緒に撮ろ〜」と2ショットするのが自然な流れ！

気になる男子のとなりをできるだけキープする

男子がジャッジ

×
△
男子とも話したいから、ずっとそばにいられるのはこまる…
たまに話しにきてくれるのはうれしい。でもほどほどでね！

ずっと近くにいられたらちょっとこわい！　時々となりに行くくらいがちょうどいいよ。

う、うん
次、あっちね〜
祭

休み前に誘えなかったときのアピール方法

長期休みのイベントに誘えなかったからって、あきらめたらもったいない！　その場合のアピール方法があるから挑戦してみてね。ひとつめは部活！　おたがいに部活練が重なってる日が会えるチャンスだよ。試合の前に「がんばってね」って連絡するのもアリです。実際に会えなくても、LINEやDMを送るだけで自分の存在をアピールできるし、彼とつながれて大満足♪　自分で個人的に連絡する勇気が持てないって子は、友だちにお願いして誘ってもらったり、クラスみんなで遊ぶ予定を提案《ていあん》したりして、彼と会える機会をさぐっていこう！

部活がかぶってる日に話しかけに行く

おう！
おつかれ～

会えるだけで超ハッピー！　部活後なら話せるし、一緒に帰るってラッキーな展開も♡

男子がジャッジ
わざわざ待っててくれたの!?って感じがしてうれしいな♡
部活の仲間以外と会えるのはうれしいし、特別感もあるよね。

LINEグループでクラス会の予定を立てる

クラスみんなで遊ぶ予定を立てて、それきっかけに個別で連絡をしてみるって作戦！

夏休みにプールに行く人集合～！

宿題について質問する

夏休みに連絡しやすい話題の第1位は宿題！　彼の得意科目の質問から広げていこう。

数学のワークなんだけど…っと

気になる人が参加してそうなイベントでばったりをねらう

ハルトくんじゃん!
ぐうぜんだね!

夏休みなら地域の夏祭りとか、みんなが行きがちなイベントに行って偶然風《ぐうぜんふう》に♪

男子がジャッジ
イベントで会うと、ふだんの学校よりも話しやすい気がする!
テンションが上がってる状態で会うと、距離《きょり》もグッと縮《ちぢ》まるよね。

部活の試合のタイミングで連絡

試合前後は応援やお疲れさまの連絡を。結果がよくなかったときは、グイグイいかないように注意!

<ハルトくん

やっほー

今日は試合おつかれさま!

友だち経由で遊ぶ予定を立ててもらう

個人的に連絡とる勇気のない子やスマホを持ってない子は、友だちに頼《たの》んで遊ぶ予定を立てるのだ♪

まかせて♪
おねがーい!

ニコラ学園

放課後相談室

Counseling Room

ライフスタイルのお悩み

誰にも言えない悩みをこっそり話せる「放課後相談室」。習い事や推し活、反抗期などライフスタイルのお悩みに、生徒会メンバーが答えるよ！

生徒会メンバーが答えるよ！

ハルト　リコ　クルミ　リリ　アンナ　フタバ　コハナ

みんないつ勉強してるの？

（中2・ポテトちゃん）

家から1時間半かけて中学に通ってるんだけど、部活もやってるから勉強する時間がぜんぜんないよ〜！　スキマ時間で勉強したいんだけど、疲《つか》れて寝落ちしちゃうし…。

【アンナ】私は学校でやってから帰るタイプ。理解できてないところを一人でやっても効率が悪いから、まずは学校で友だちと分かるまでがんばるよ。【リコ】私は勉強のアプリを使って通学のスキマ時間に分からなかったところを見返してるよ。でも電車やバスの中って眠くなっちゃうんだよね…。【アンナ】わかる！　そういうときは、あえて電車の中で書きこみタイプのワークをやってるよ。【リコ】すごい！　たしかに暗記系だと眠くなっちゃうから手を動かすのはいいかも。【アンナ】中学生活は大変だけど自分のスタイルを見つけられるといいね！

自分のスタイルを見つけて少しずつがんばろう！

お金をかけずにおしゃれってできる？（中１・おとちゃん）

ファッションが好きなんだけど、いいなと思う服は値段が高くてなかなか買えないの。お金をかけずにできる、おしゃれの方法を教えて！

【フタバ】私は通販で買い物することが多いよ。トレンドをおさえられるし安いから助かってる♪【アンナ】着まわしがきくものを買うことも大事だよね。モノトーンはめちゃくちゃ着まわせるからよく選ぶよ。【フタバ】たしかに！ 服は着まわしやすいものにして、小物で個性を出すのはどうかな。服よりもお手頃《てごろ》だから、おこづかいでも買えると思うよ。【アンナ】あとはネイルで遊ぶのもいいかも。最近は100均でもいろんな種類のカラーを売ってるよ。あとはヘアアレを凝《こ》ってみたり、ヘアアクセでアクセントをつけるのもおすすめ♡

おこづかいで買えるものでも
おしゃれは楽しめるよ！

習い事をやめずにがんばりたい（中１・ポンちゃん）

英語、ピアノ、ダンス、学習塾に通ってるんだけど、お母さんに、「どれも中途半端《ちゅうとはんぱ》になっているから1つにしぼったら？」と言われちゃった。でも全部やめたくなくて、どうすればいいかな？

【リコ】私もピアノと書道を習ってたけど、中学生になっていそがしくなってやめちゃったんだ。でも、もし「勉強と両立できないならモデルの仕事をやめなさい」って言われたら、同じようにあきらめたくないって思うな。【リリ】本当に自分がやりたいことならがんばった方がいいよね。でも、やっぱりどれかが中途半端《ちゅうとはんぱ》になってるなら、内容を見直してもいいんじゃないかな。【リコ】やりたいことなのに、全力でできなくなったらもったいないもんね。【リリ】やめることが必ずしも悪いことじゃないと思う。後悔がないようにがんばって！

やりたいことなら
後悔ないように
がんばって！

お父さんがなんとなくイヤ！
（中1・くりちゃん）

最近、お父さんをイヤだと思うことが増えたの。大切な家族だってことはわかってるんだけど、ちょっとしたことでイライラしちゃうんだ。どうしたら上手《じょうず》にお父さんと関われるかな？

【リコ】私もパパがしつこくからんでくるのがイヤ。でも、心の底からきらいなわけじゃないっていうか。【リリ】ちょっとダルいなって思っちゃうときがあるんだよね（笑）。私はお父さんの言うことがうざいなって思ったら、「もうやめて！」って正直に言ってる。それでもイヤなときは自分の部屋に逃げる！【リコ】同じ空間にいることを避《さ》けるのも大事だよね。【リリ】でも〝大切な家族〟ってこともわかってるから、あんまり考えすぎないようにしてる。【リコ】うんうん、感謝する気持ちを忘れなければ大丈夫なんじゃないかな。

気持ちはめっちゃ分かる！
ほどよい距離感でいよう

中1でメイクするのっておかしい？
（中1・かえちゃん）

この前、メイクをしてでかけたら同級生の男子に見られて笑われたの…。中1でメイクするのはまだ早いのかな!?

【アンナ】この男子は、「メイクするなんて変だ」っていう自分の価値観《かちかん》を押しつけてるよね。そんなの気にしなくてもいいと思うよ。【クルミ】私だったら、「ふふふ」って笑い返しちゃう！「そうやって人のことバカにするあなたのことなんて気にしてませんよ〜」って。【アンナ】そうそう、そんな男子の意見はスルーしてOK。メイクは〝自分受け〟が一番大事だから!!【クルミ】自分が気分よくいられるのが大切だよね。大人になったらメイクした方がいい場面は増えるわけだし、今から練習の意味でするのは、ぜんぜんおかしくないと思う。

メイクは自分のために
楽しんでするもの☆

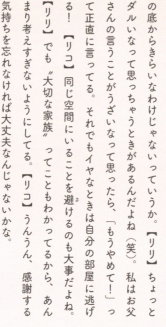

推し活をしたいけど勇気が出ない

（中2・はるはるちゃん）

好きな男性アイドルがいます。リュックや筆箱に推しのキーホルダーをつけたいんだけど、まわりから「アイドルオタク」ってからかわれるんじゃないかって心配…。

【コハナ】私のクラスメイトに、男性アイドルのオタクの子がいて、休み時間にアクキーを持って「推し♡」って言い回ってるけど、その姿が「かわいい！」ってみんなから言われてるよ。【フタバ】キャラにしちゃうのはアリだね！　【コハナ】そうそう、ありのままの自分を出してればからかわれないと思うよ。ほかにも同じ趣味《しゅみ》の子がいると思うし、趣味があるのはいいことだもん。【フタバ】私も推しの写真を買ったり、CDを買ったりして推し活をしてるよ。【コハナ】私は文房具を買うときに、さりげなく推しカラーを意識してる♡

ありのままで推せば
からかわれないはず！

ぜっさん反抗期です！

（中1・ゆずちゃん）

お母さんにちょっとでも注意されると、すぐに「うるさい！」ってきつい言葉を返しちゃうの。我慢《がまん》しようと思ってもつい言ってしまって、お母さんの気持ちを考えると自分がイヤになるんだ。

親をキズつけずに
自分でストレス発散！

【クルミ】私もたまになる。注意されたらそのぶん、ムッとしちゃう。【リコ】わかる！　そういうとき、私はちがう人になりきるようにしてる。たとえば「なんかやりなさい」って言われたときに、別人になりきって「あ、わかった～」って言うの（笑）。【クルミ】それいいね！　私は疲《つか》れるとイライラして親に当たりやすいから、気分転換《きぶんてんかん》をするようにしてるよ。友だちと遊んだり、音楽聴《き》きながら散歩したり。【リリ】あと、けっきょく注意されるのは自分のせいだから、言われる前に直せるところがないか考えるのが一番いいよね。

ニコラ学園
楽しい学校生活スタートブック

飛んでゆけ、
恋心《こいごころ》

すうっと、手から離《はな》れた紙飛行機が、窓の外を飛んでゆく。その軌跡《きせき》を目で追っていると、心が軽くなっていくのがわかった。

「また紙飛行機、飛ばしてるの？」

うしろから聞こえてきた声に星乃《ほしの》アンナが振り返ると、クラスメイトの今井《いまい》ハルトが立っていた。その瞳《ひとみ》は、校庭の上空をただよう紙飛行機を追っている。

「今日は、何を飛ばしたの？」

「さっきの小テスト。4点だったから忘れようと思って」

「4点って。俺でも6点だったのに」

「だから忘れようとしてるんじゃん！」

アンナが叫《さけ》んだ直後、紙飛行機が木の陰《かげ》に吸い込まれるように消えた。同時に、アンナの胸《むね》もすっと軽くなる。

何かイヤなことがあったときや、忘れたいことが起きたとき、それを紙に書いて――あるいは、点数の低かったテストの答案用紙をそのまま――紙飛行機に折って飛ばすのがアンナの習慣だ。そうすれば、紙飛行機が軽やかに空を渡っていくよう

に、アンナの気持ちも軽くなる。

紙飛行機が見えなくなったあとも、ぼんやりと校庭を眺《なが》めていたアンナは、ハッと目をみはった。体育の授業を終えた3年の先輩たちが、校舎に戻ってくる。その中に1人だけ、アンナには光輝《かがや》いて見える姿《すがた》があった。

「はぁ……。今日もカッコいいなぁ、葛城《かつらぎ》先輩……」

「だったら早く告白すれば？」

「わかってるよ！　文化祭にかけてるんだから、わたしは！」

他人事《ひとごと》のようにつぶやいたハルトに言い返して、アンナはこぶしを握《にぎ》りしめた。

アンナたちの通うこの中学には、「伝説」がある。「文化祭で誕生したカップルは、ずっと別れない」というものだ。実際、この「伝説」に勇気をもらって、文化祭での告白を決心する生徒は多いらしい。

そして、2年になった今年こそ、アンナもこの「伝説」にあやかろうとしている。

「告白、絶対に成功させるんだから！」

瞳に炎《ほのお》を宿らせるアンナを、ハルトは心配そうに見つめていた。

1週間後、文化祭1日目がやってきた。アンナとハルトの2年D組は、教室でカフェをやることになっていて、アンナも接客を担当する――はずだった。

「はぁ……。文化祭当日に熱とか、サイアク……」

張りきって準備していただけに、このタイミングで風邪《かぜ》なんて、あまりにもヒドすぎる。本当は、多少の熱なら無理してでも参加したかった。でも、友だちに迷惑《めいわく》をかけるわけにはいかないので、泣く泣く、アンナは文化祭1日目を欠席することにした。明日こそは、葛城先輩に告白しよう。そう決意して。

そして翌日、文化祭2日目。一日ぐっすり眠《ねむ》ったおかげで、アンナはすっかり回復した。

「アンナ！　もう体、大丈夫《だいじょうぶ》なの？」

「うん、もう全快《ぜんかい》！　昨日は急にごめんねー。今日は昨日の分も働くから！」

クラスメイトにガッツポーズを見せて、アンナは作業に取りかかった。長い髪《かみ》を、いつもと違ってゆるふわなおだんごヘアにセットし、エプロンをつけて接客を担当する。ハルトも、背の高い体を折り曲げながら、ドリンクやお菓子《かし》の準備に奔走《ほんそう》し

ていた。

　最初は夢中で作業していたアンナだったが、休憩《きゅうけい》時間が近づくにつれて、ソワソワと落ち着かない気分になってきた。休憩時間になったら葛城先輩を探して告白しようと決めていたのだ。うまくいけば、残りの時間、先輩と一緒に文化祭を回れるかもしれない。だから、少しでも早く、この気持ちを先輩に伝えたかった。

「星乃、休憩もらいまーす！」

　時間になって、いそいそと教室を出たアンナは、葛城先輩の姿《すがた》を探した。学外からの来客も多いので、人混みをかき分けて校舎内を歩き回る。

「先輩、どこだろ……」

　きょろきょろしながら2階の廊下《ろうか》を歩いていたとき、ふいに「きゃあぁっ！」という甲高《かんだか》い悲鳴が聞こえた。何事かと思ってあたりを見回すと、近くの教室に「おばけ屋敷《やしき》」の看板《かんばん》が出ている。今の悲鳴の感じだと、かなり怖《こわ》そうだな。そんなことをアンナが思った直後、そのおばけ屋敷から、葛城先輩が現れた。

「あ、せんぱ――」

呼びかけようとして、けれどその声を、アンナは途中でのみこんだ。

葛城先輩に続いておばけ屋敷から出てきた1人の女子生徒が、そのまま、葛城先輩の服の袖《そで》をギュッと引っぱったからだ。

葛城先輩は、頬《ほお》がゆるんだような笑顔を女子生徒に向け、女子生徒はそんな葛城先輩を見つめて、はにかんだ笑顔になっている。2人はそのまま楽しげに語らいながら廊下を歩いてきて、アンナの横を、通り過ぎた。

葛城先輩の視界にアンナが入っていないことは――先輩には隣の女子生徒しか見えていないのだということは、すれ違った瞬間《しゅんかん》にわかった。

「葛城くん、あの子と付き合い始めたらしいよ。1年生だって」

「聞いた聞いた！　昨日、カノジョのほうから告白したんでしょ？　文化祭の『伝説』があるもんね。てゆーか葛城くん、ああいうコがタイプだったんだ」

どこからか聞こえてきた会話が、アンナの耳をすり抜《ぬ》けていく。

気がつけば、アンナは廊下を駆《か》け出《だ》していた。途中で誰かの肩《かた》にぶつかっても、知り合いに名前を呼ばれても、足を止めることはできなかった。止まったら、その

瞬間、視界をにじませているものが瞳《ひとみ》からこぼれ落ちてしまうとわかっていたから。

気がつくと、アンナは屋上にいた。フェンス越しに校庭を見下ろすと、文化祭のにぎわいと、たくさんの生徒たちが楽しそうにしている姿が見える。とうとう、こらえ続けていたものがボロボロっと下まぶたを乗り越えてこぼれ落ちた。

先を越された。熱を出して寝ている間に、別の女子に告白されてしまった。自分とは違う、ふわっとした感じの女の子だった。告白したところで最初から自分には望みなんてなかったかもしれないけど、それでも、気持ちを伝えたかった。失恋《しつれん》するなら、はっきりと断られたかった。

「もう、伝えることも、できないじゃん……」

ギュッと胸もとで手の平を握《にぎ》りしめたアンナは、そこにあった感触《かんしょく》にハッとした。制服の胸ポケットに入っていたそれは、カフェで注文をとるときに使っていたメモ帳とペンだ。

スッキリするには、これしかない。アンナは、ペン先をメモ帳に走らせた。

——先輩のことは、きれいサッパリあきらめる！

そう書いたページを切《き》り離《はな》し、いつものように紙飛行機を折る。それを屋上から思いっきり飛ばそうと、フェンスに手をかけてアンナは身を乗り出した——のに、いつもはするっと飛ばせるはずの紙飛行機が、今日は、指に貼《は》りついてしまったみたいに、手放すことができない。

「これじゃあ、まだ先輩に未練たっぷりみたいじゃん……」

早く飛ばしてしまいたい。こんなに悲しくて、つらくて、痛い気持ちは忘れてしまいたい。なのに、先輩を好きだった気持ちをなかったことにはしたくないという矛盾《むじゅん》した思いが、アンナの体を動かなくさせる。

「アンナ」

そのとき、聞き覚えのある声が、うしろからアンナの名前を静かに呼んだ。

「さっき、泣きそうな顔で走ってくのが見えて、気になって追いかけてきた」

振り返ったところに立っていたハルトが、どこか、痛みをガマンするような顔で

言う。その表情を見ていたら、アンナの口は勝手に動いた。

「わたし、失恋しちゃった」

「え……」

「葛城先輩に告白しようと思って、探しにいったの。そうしたら、1年の女の子とおばけ屋敷《やしき》から出てくるとこ見ちゃってさ。昨日、女の子のほうから告白して、付き合い始めたんだって。バカだよねー。文化祭で告白してカップルになったら別れないなんて『伝説』にこだわったせいで、先を越されちゃうなんてさ。ゲンなんかかつがないで、ハルトの言うとおり、さっさと告白しとけばよかった……」

あはは、と、アンナは自分で自分を笑う。けれど、じっと聞いていたハルトは、笑ったりはしなかった。そんなハルトの優しさが、今は素直にありがたい。

「でも、もう、どうしようもない。だから、いつもみたいに紙飛行機に書いて飛ばしてスッキリしようと思ったんだけど……なんかわかんないけど、飛ばせなくてさ。とっくに失恋しちゃってるのに、意味わかんないよね？」

つぶやきながら、アンナは小さな紙飛行機を指先でクルリと回した。

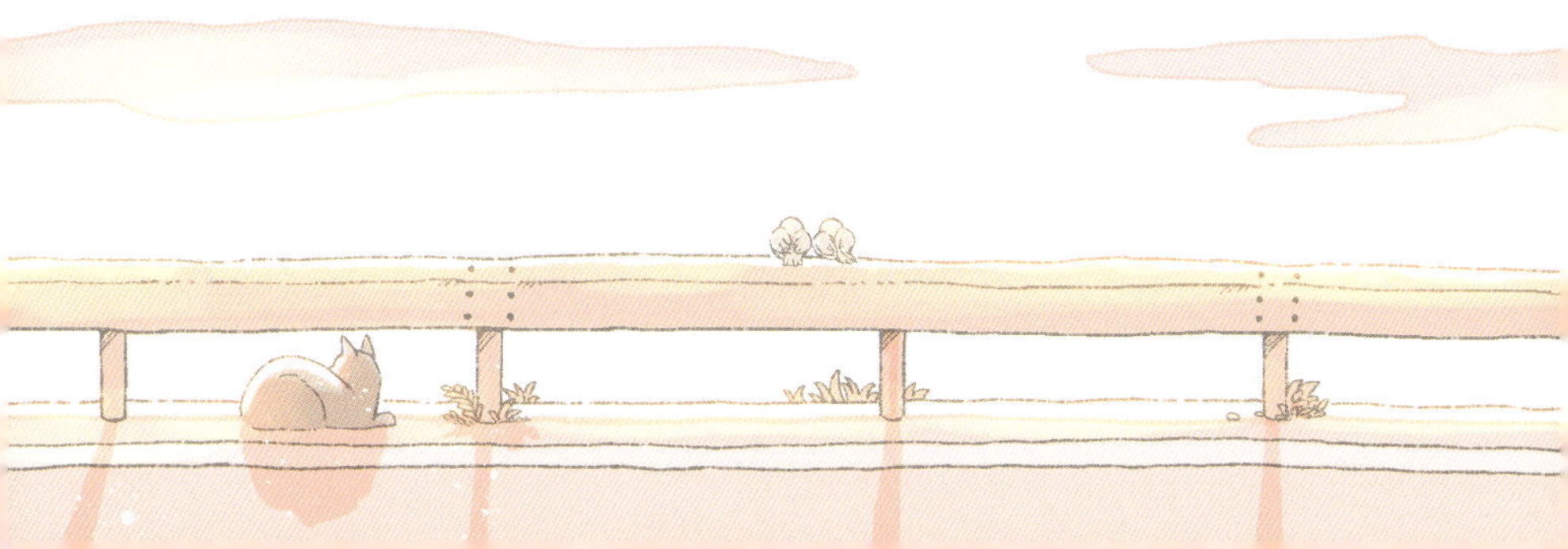

アンナの隣《となり》にやってきたハルトが、じっとアンナの手の紙飛行機を見つめて、ぽつりとこぼす。

「じゃあ、俺も飛ばそうかな。紙飛行機」

「え？」

「俺もちょうど、スッキリしたいことあったんだ。紙とペン、貸してよ」

とまどいながら、アンナはメモ帳とペンをハルトに差し出した。受け取ったハルトがメモ帳を開いて、何かを書きつける。それからページをちぎったハルトは、アンナより大きな手で、ちまちまと紙飛行機を折った。

「よし、できた」

「なんか、ヘンな形なんだけど」

「まあ、飛べば一緒だから」

「飛ぶかなぁ、それ……」

「とにかく、俺も飛ばすから、アンナも飛ばせよ」

そう言ったハルトは小さな紙飛行機をかまえて、フェンスよりも高く、雲に狙《ねら》い

を定めた。やがて、「とうっ」というコミカルなかけ声とともにハルトが放った紙飛行機は、雲に向かって空高く――とはゆかず、急なUターンを描《えが》いて戻《もど》ってきたかと思うと、隣《となり》に立っていたアンナの額《ひたい》に直撃《ちょくげき》した。

「いたっ」

「うわ、ごめんっ！」

　額を押《お》さえるアンナの姿《すがた》に、ハルトが目を見開く。「ごめん！　マジでごめん！」とハルトは大慌《おおあわ》てだが、メモ用紙で折った小さな紙飛行機なので、実際はそこまで痛くもない。「大丈夫《だいじょうぶ》、大丈夫」とこたえながら、アンナは足もとに落ちたハルトの紙飛行機を拾い上げた。折り方がイビツだったから、まっすぐ飛ばなかったのだろう。拾い上げた紙飛行機は左よりも右の翼《つばさ》のほうが大きくなっていて、そこに、紙の内側に書かれた文字の一部がはみ出している。

「……『める』？　これ、なんて書いたの？」

「なんでもいいだろ、べつに」

「『べつに』って言うなら教えてよ。いつもわたしが飛ばしてるのは見てるじゃん」

「いや、それ、関係ないじゃん……！」

めずらしく、ハルトの声があせりを帯びる。イタズラ心が刺激《しげき》されたアンナは、ハルトの紙飛行機をすばやく開いた。「おいおいおい！」と、ハルトが手を伸ばしてくるが、もう遅い。

「……え？」

紙飛行機の内側に隠《かく》されていた文字に、アンナは目を奪われた。

――星乃アンナを好きなことを、あきらめる

紙飛行機からハルトの顔へとアンナが目を向けると、ハルトは瞳《ひとみ》を右往左往《うおうさおう》させていた。手で隠《かく》しているつもりかもしれないが、真っ赤な顔はごまかせない。

「だって、アンナ、好きなヤツのこと忘れられないんだろ？」

「え、待って……。ハルト、わたしのこと……好きって、こと？」

とうとうその場にかがみこんでしまったハルトが、「はあぁー……」と、背中を

上下させて大きく息《いき》を吐《は》き出《だ》す。

「一生懸命《いっしょうけんめい》になりすぎると、まわりが見えなくなるとこ、ほんと変わんないよな。自分の恋愛《れんあい》に夢中になって、俺のことなんか眼中になかったんだろ」

「う……」

「俺がどんな気持ちでアンナの話を聞いてたか、わかる？　『葛城先輩、カッコいい！　絶対告白する！』って。『告白するな』とも言えないし、だからって応援《おうえん》もしたくないし……そういう俺の気持ち、わかる？　今日だって、いつもと違う髪形《かみがた》かわいいなって思って俺が見てたの、気づいてないだろ？　しかもそれで告白しに行くとか、言っとくけど、メチャメチャあせったんだからな！」

「えっ、えぇっ……？」

動揺《どうよう》を抑《おさ》えきれないアンナの前に、ハルトがゆっくり立ち上がる。文化祭の喧騒《けんそう》は、もう、アンナの耳には届《とど》かなくなっていた。

「嫉妬《しっと》」

「え？」

「俺に嫉妬させた責任、とってほしいんだけど」

心臓が、痛いくらいに胸の内側を連打する。じっとこちらを見つめてくるハルトの顔を見ていられなくなって、思わずアンナは下を向く。

葛城先輩のことが好きだった。ハルトのことを、そういうふうに考えたことは一度もなかった。でも——仲のいい男の子から好きと言われてドキドキするな、なんて、ムリだ。

今ならできそうな気がして、アンナは紙飛行機を空へと向けた。今度こそ、アンナの手を離《はな》れた小さな紙飛行機は、新しい風にのって空高く舞《ま》い上《あ》がっていった。

コミュニケーションのヒント

第4章
放課後編

after school

部活や塾と、放課後まで大いそがしの中学生にとって、効率《こうりつ》のいい時間の使い方は大切。休日はクラスメイトと思いっきり遊んだり、上手に息抜きしながら学校生活を楽しもう！

帰り道
コハナ
フタバ
!?
走ってるのクルミじゃない？
クルミー!!
そんなに急いでどうしたの？
コハナ先輩、フタバ先輩！
クルミ
中学生になって部活を始めたら毎日いそがしくて、宿題をやる時間もなくて
毎日疲れて帰ってきて
ただいまー
宿題をやる前に寝ちゃって…
Zzz…

いそがしい中学生におすすめなのが、
ながらのプロになること！

- 髪を乾かし**ながら**復習
- パックし**ながら**勉強動画
- 歯磨きし**ながら**単語暗記

コミュニケーションのヒント　放課後編

部活と勉強を両立させる方法

部活で青春もしたいけど、勉強もおろそかにできない中学生活。その両立に悩む子に、解決法を伝授《でんじゅ》するよ！

部活も勉強もどっちもがんばりたい！

早寝早起きで元気いっぱい
大会にむけて部活練
宿題は早めに終わらす

時間を上手に使えば部活と勉強は両立できる

部活で疲《つか》れてしまって、いっぱいいっぱいになっちゃったり、やりたいことがあるのに時間がないと感じている子、大集合～！　部活をしている子も、勉強もがんばらなきゃって思うよね。ポイントは時間の使い方。ここではムダな時間をはぶいて、効率的《こうりつてき》に勉強を進めるためのルーティンを紹介するよ。さらに「○○しながら△△もする」という「ながらのプロ」になれば、自分の時間を楽しむ余裕まで生まれます！

部活後に勉強できなくて
みんな悩んでる…!?

ニコラ読者のアンケートを見ると、約7割の子が部活がいそがしくて、部活後に思いどおりの生活ができていないことがわかったよ。部活で疲れているとついダラダラしちゃって、スマホを見ながら時間が過ぎていったり、ベッドでゴロゴロして一日が終わっちゃうことも多いみたい。時間があっても勉強するので精一杯《せいいっぱい》で、それ以外のことは何もできないって声もあったよ。理想はやるべきことをすませて、宿題以外の勉強や自分磨きに時間を使える生活！ まずは自分がやっていることを書き出して、ムダがないかを確認してみよう。

Q 部活から寝るまでに「ムダだな」と思う時間は？

- SNSパトロールしちゃう…
- スマホ見ながらお菓子
- ベッドでゴロゴロからの寝落ち！

目的もなくスマホをさわってる子はムダ時間が多い傾《けい》向《こう》。ゴロゴロしてる時間がもったいないよ〜。

Q 部活と勉強を両立できてる？

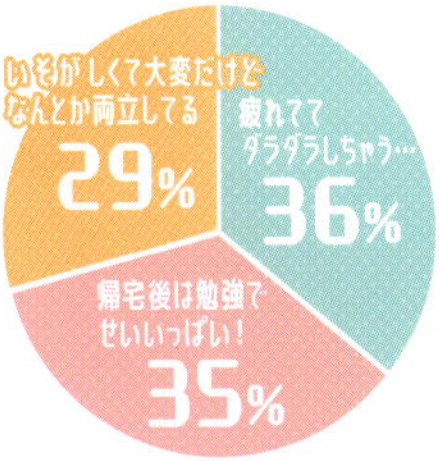

いそがしくて大変だけどなんとか両立してる 29%
疲れててダラダラしちゃう… 36%
帰宅後は勉強でせいいっぱい！ 35%

気持ちわかるよ

部活後に家に帰るともう夜。寝るまでの数時間を有効《ゆうこう》に使えてない子がいっぱいいるよ！

たとえば… 両立できない子のスケジュール

ダラダラスマホちゃん

18:30	帰宅
	スマホチェック
19:00	夜ごはん
19:20	歯磨きしながらスマホ
19:30	お風呂に入りながらスマホ
20:10	髪を乾かしながらスマホ
20:20	宿題
20:30	ベッドでスマホ
22:00	就寝

やる気が起きない

部活でいっぱいいっぱいちゃん

18:30	帰宅
	スマホチェック
19:00	夜ごはん
19:20	ソファでゴロゴロ
19:30	宿題
20:10	お風呂
21:00	ベッドで寝落ち

疲れた…

ムダ時間が多い子におすすめ！

効率アップ帰宅後ルーティン

自分の時間の使い方の傾向《けいこう》がわかったら、そのムダ時間にハマらないように帰宅後ルーティンを決めよう。とりあえず、スマホは封印《ふういん》！　お風呂&スキンケアは時短を意識して、ささっとすませてね。宿題は絶対にやらなきゃいけないから、テンションの上がるアイテムを使って、やる気スイッチをオンにしていこう！　さらに、学校でもノートを工夫して復習しやすくしたり、寝る前にやることリストを作って翌日にそなえるのもおすすめ。その場を時短するだけじゃなく、あらかじめ仕こみをしておくのも時間有効《ゆうこう》テクニックだよ。

ムダがない

家に帰ってからはスマホタイムはなし！

スマホは後回し！　最後にあまった時間で見るくらいが、罪悪感《ざいあくかん》なく楽しめるよ。

18:30

帰宅・夜ごはん

学校・部活

ムダがない

授業中のノートを工夫して復習時間を短縮！

先生の言ったことや自分の考えをメモして復習しやすいように。そうすると、宿題も早く終わる！

線を引っぱって
メモを取ると
わかりやすい

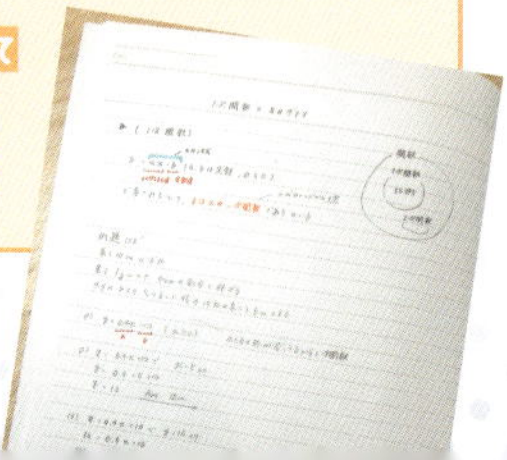

とにかくシンプルに

お手本中学生

ムダなく動ける
テニス部所属Aちゃん

PROFILE

部活　テニス部

活動日　週4

習い事・塾　部活がない日に週1でピアノ

成績　クラスで上位

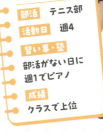

ムダがない

やることは前日にリスト化

前日にやるべきことをまとめておこう。翌日もスムーズに過ごせて、忘れ物もなくなるよ。

ToDoリスト

○ペンを買いに行く
○数学の宿題を終わらせる

勉強以外のことも書いてるよ

ムダがない

肌のためにも時間を空けずにすぐスキンケア！

お風呂上がりは乾燥しやすいから、即スキンケア！　時短にも美肌にもなれて一石二鳥。

どうしても しんどい ときは…

ムリして夜にやろうとしない！

思いきって寝ちゃうのも効率アップのポイント。そのぶん次の日に早起きしてやるようにしてるよ

24:00	23:00	21:00	19:50	19:20	19:00
睡眠	自由時間	やることをすませるタイム	宿題	スキンケア	お風呂

美容も効率化！

ムダがない

お風呂の中でも時短！

コンディショナーと体を一気に流す作戦！　ルーティン化すればラクに時間がかせげるよ。

1. シャンプーを流す
2. コンディショナーをつける
3. そのまま体を洗う
4. 頭も体も一緒に流す！

どうしても しんどい ときは…

キラキラした人の生活を動画やSNSでチェック

「こんな生活がしたいな」ってモチベが上がるよ！

あれこれがんばりたい子におすすめ！
～しながら部活後ルーティン

「〇〇しながら△△する」っていう二刀流の「ながら」が上手になれば、今までできなかったあれもこれもできるようになる。じゃあどんなときに「ながら」ができるのか？ それは、お風呂時間や美容タイム、なんなら勉強中だってできるんです。とりあえず始めやすいのは、美容時間×勉強の組み合わせ。歯磨きや髪を乾かしながら暗記をしたり、授業の復習をしたり。さらにレベルアップするなら、学校で授業を聞きながら、宿題まですませちゃう勉強の二刀流もアリ！ ちょっと空いた時間に、部活のイメトレもいいね。

18:15

帰宅・顔を洗う

学校・部活

空いた時間で予習することもあるよ

ながらテク

授業を受けながら宿題&予習をすませる！

前もって教科書を読むだけで授業の理解度が上がって、宿題をする余裕が生まれるよ。

お手本中学生

塾にも通う吹奏楽部Bちゃん

PROFILE

- 部活　吹奏楽部
- 活動日　週6
- 習い事・塾　週1で塾に通ってる
- 成績　最近の最高は学年1ケタ順位

どうしてもやる気が出ないときは…

5分だけと決めて推しのSNSチェック

ダラダラ見ないで、しっかり時間を区切るのがポイント

ながらテク

ストレッチをしながら自分の時間を楽しむ

ストレッチしながら好きな動画を見たり、勉強アプリをしたりと自分時間も楽しもう♪

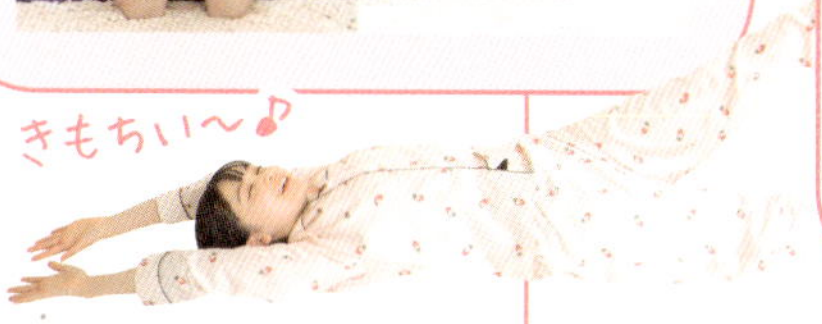

ながらテク

お風呂や空いた時間で部活の自主練

吹奏楽部ならペンで楽器の運指練習、運動部なら動きのイメトレなどスキマ時間を活用！

細いものがあればどこでもできる♪

- 18:30 宿題&予習
- 19:30 夜ごはん
- 20:00 お風呂
- 20:30 スキンケア
- 21:00 マッサージ&ストレッチ
- 21:30 次の日の準備
- 22:00 睡眠

ながらテク

実は「料理」は段取り力のトレーニングになる

下準備や切る順番など、実は段取り力がきたえられる料理。家の手伝いもできていいことづくし！

ながらテク

数学は授業で聞くべきところを意識しながら予習、英語は問題を解きながらパターンを暗記

数学は予習が効果的！英語はパターンがあるから、授業しながら暗記も同時進行で。

ペンを2色使ってパターンをわかりやすく！

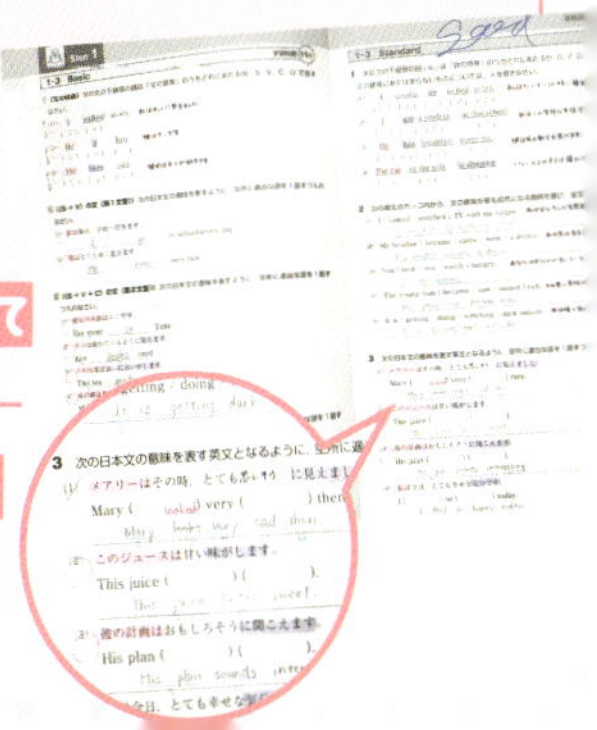

22時までには寝て翌日にそなえるよ！

早寝すれば翌日のパフォーマンス力がUP！授業も部活も行動もきっとうまくいくよ。

コミュニケーションのヒント 放課後編

中学生の塾ライフ事情

塾《じゅく》って勉強ばかりってイメージあるかもしれないけど、実はいいことがいっぱい！ 塾の楽しみ方を教えるね！

塾ってどんなところ？リアル事情をリサーチ！

塾は勉強以外にも楽しみがいっぱーい！

「塾は受験生が行くきびしいところ」とか、「勉強ばっかりでつまらなそう」とか、そんな塾のネガティブなイメージをもっとポジティブに！ だって塾に通ってる中学生は多いんだもん、楽しいところであってほしいよね？ 実際、通っている子に話を聞いたら、塾に行くと勉強はもちろん、恋や友情でもいいことがあるらしいよ♡ それなら前向きに取り組むしかない！ 塾がもっと楽しくなるコーデやヘアまで教えちゃうね。

みんなどのくらい塾に通ってるの？

まずは中学生の塾事情を徹底《てってい》チェック！　ニコラ読者のアンケートによると、中1&中2の約半数が、中3になると約7割もの子が塾に通っているんだって。しかも多くの子が週2回のペース。みんな部活もいそがしいのにがんばってるね！　塾のタイプも複数あるから、自分に合う塾を探して通っているみたい。また、受験生になると通い始める子が多いのはもちろん、テストの点が下がったり、授業がついていけなくなったりと、成績対策で通い始めた子も。そう、塾は受験生だけのものじゃないんだよね。だったらもっと楽しむ方法を考えよう！

Q 通ってる曜日は？

学校もいそがしいから週2回&翌日が休みの金曜の子が多め。逆に日曜の子は少なめだよ。

〈通ってる日数〉
1 週2日
2 週1日、週3日

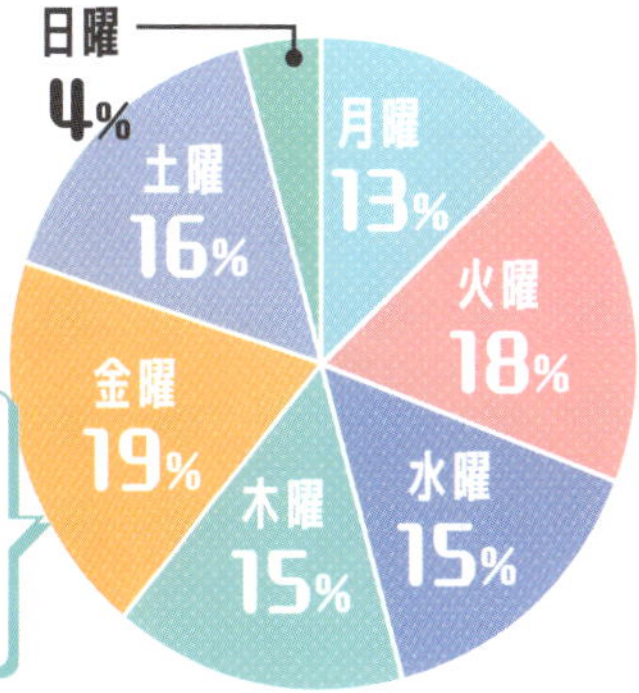

日曜
4%
月曜
13%
火曜
18%
水曜
15%
木曜
15%
金曜
19%
土曜
16%

Q 塾に通ってる？

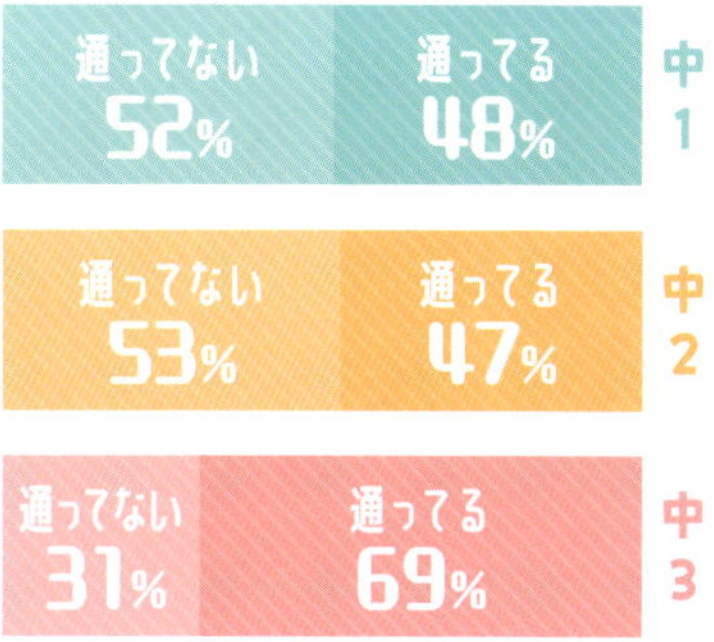

通ってない
52%
通ってる
48%
中1
通ってない
53%
通ってる
47%
中2
通ってない
31%
通ってる
69%
中3

Q 通ってる塾のタイプは？

大人数の進学塾

学校では習わないことも教えてもらえるけど、ぼーっとしてるとおいてかれる！

少人数の補習塾

わからないことをすぐ聞けて、自分のペースで勉強できるのが人気の秘密！

科目特化型の専門塾

英語や数学などの専門塾。ハマれば、その科目の成績が爆発的《ばくはつてき》にのびる可能性があるよ。

Q 通い始めたきっかけは？

テストの点数が下がったから

授業についていけなくなった

目指してる高校に合格するため！

成績アップや受験を目指してる子はもちろん、友だちや兄姉が通っているからって子も。

塾に行くといいことがたくさん！

塾《じゅく》に通うメリットは成績アップはもちろん、わからないところを先生に聞けるから苦手を克服《こくふく》できたり、学校の授業の復習から先取りまでしてくれるから、授業の理解度が深まるようになるよ。中には偏《へん》差値《さち》やランクなど自分の現状が把握《はあく》できて、志望校選びなどの目標が立てやすいって子もいたよ！ さらに、塾友ができるっていう声も多数。ほかにも、学校の男子の新たな一面が見られたり、他校の男子と仲よくなれたり、男子と一緒に帰ったっていう恋ハプニングも大発生していて、勉強以外も充実できるみたい♡

勉強でいいこと

勉強する習慣がついた

今日は、2時間やるぞ

家だと集中できない子も、塾なら集中できるって声も。勉強習慣が自然と身につく！

成績が上がった！

やったー！☆

一番多かったのが成績が上がったって意見。中には偏差値が20も上がったって子も！

わからないところを質問できる

先生！
ここがわからなくて

学校でわからなかった部分も塾で聞ける。みんな勉強しにきてるから聞きやすい環境だよ。

友情&恋でいいこと

バレた？

駅にいたでしょ！

塾友ができる

学校の他クラスの子や他校の子など、新しい友だちが増えるのも塾が楽しいポイント！

先生の服かわいい！♡

大学生の先生といろいろ話せる

人間関係の相談から恋バナで、お兄さん・お姉さん先生にいろいろ話を聞けるのも楽しい。

LINE聞かれちゃった♡

他校の男子と友だちになれる

同じ学校に好きな子がいない場合は、塾での出会いに期待しちゃっていいかも…♡

あの人は…！

♡

小学校で好きだった人と再会できる

中学の学区や受験などで離れちゃった男子と再会。そこから付き合ったって子もいたよ♡

楽しいだけじゃない！
塾ライフってここが大変!!

友情や恋に、塾《じゅく》には楽しいことが待ち受けていそうだけど、そればっかりじゃないのも現実。でも、あらかじめ塾通いの大変なことを知っておけば、対策もしやすくなるよね。まず大変なのが、いそがしい中に通うから体力面がキツイってこと。ときには眠くなったり、行くのがめんどうになることもあるみたい。また、人《ひと》見《み》知《し》りさんや通い始めの子は友だちがいなくて不安に思ったり、うるさい男子に迷惑な気持ちになったりと、人間関係に悩《なや》む子も少なくないよ。塾が終わるともう夜で時間もなくて大変だけど、そのぶん実りも多いはず！

一人になりがち

かたまってる他校の女子の間には入りにくいけど、勉強に集中できると前向きに考えるのもアリ！

夜おそいから眠い

帰宅したらもう22時過ぎって子も。そこから宿題やって…とか、睡眠時間が減っちゃう！

行くのがめんどう

部活で疲《つか》れてたり、家から遠かったりするとやる気がダウン。せめて楽しくなるように、推しとか作っちゃう!?

夜道がこわい

家までの道のりが暗いしこわいって子は防犯ブザーやスマホを持って、まわりをよく見て歩こうね。

自由時間が減る

ただでさえ塾で時間が取られるのに宿題まで出るから、さらに自由時間が減っていく…。

うるさい男子がいる

塾は勉強するところ。勉強しないでこまるのは本人だから、気にせずほっとくのが得策。

見える塾ファッション♡

ここでは、塾《じゅく》にテンション上げて通うための持ち物やファッション、ヘアについて教えちゃうよ。まず持ち物は自分が大好きな文房具でまとめて、やる気をアップ！　ファッションは「気合を入れすぎない」「勉強しやすい」「でもダサくない♡」の3カ条を意識しながら、おしゃれ塾コーデを考えて！　服に合わせてヘアもアレンジしよう。ふだん校則でNGとされている高めで結んだり、おろしたり、ヘアアクセを使ったりして遊んでOK！　塾通いをハッピーにするためには、まずは見た目から♪

塾持ち物は学校よりも自由度高く

塾専用のかわいい文房具はもちろん、色つきリップやスマホなど校則NGなのも塾ならOK！

スマホは親への
絡用&
計がわりに

ノートは
塾専用

筆箱は学校用のを使う子と
塾用をつくってる子半々くらい

リントを
れる
ァイル

学校で使えない
色つきリップ

業が長いから
分補給を！

何かあったとき用に
¥1000くらい
持っておく

ミラー、
除菌ジェルなど
ケアものは
最低限

塾バッグはトートかリュック

たっぷり入るトート派の子と、楽ちんに持ててておしゃれなリュック派の子と、両方いるみたい。

トートは
マチあり
が便利

リュックは学校で
使えない色も◎

せっかくなら
おしゃれも
楽しみたい！

浮かずにイケて

塾コーデはやりすぎないけどおしゃれが大切

塾は勉強する場所だから、服はがんばりすぎると浮いちゃうよ。基本はカジュアルが◎！

NOT ネックレ
余計なものは
つけない
Tシャツだけど
かわいい色
クーラー対応
できるように
はおりもの
デニムが無難！
スカートは
さけて
フレアパンツなら
楽ちん&おしゃれ
足元は
スニーカー

塾ヘアは平日と休日で印象を変える！

学校ポニーの高さを少し上げてみたり、休日はおろしを楽しんだりと印象変えてこ！

平日はポニー

学校より
ちょい高め
おくれ毛
かるく巻く

集中できる
ようにサイドを
ピンでとめる
ハーフアップで
かわいく見せる

休日はおろし

コミュニケーションのヒント 放課後編

クラスの男女で遊びに行きたい！

クラスの男女で思い出を残したい子、集合！ 友情も恋も加速する、男女遊びをかなえる必勝法を手に入れよう！

友情も恋も男女遊びで深めちゃお～！

女子とちがった楽しさ！男女遊びのススメ

女子だけで遊ぶのも楽しいけど、男女みんなで遊ぶのってまた格別。ここでは男女遊びの必勝パターンをみんなと共有しちゃうよ！ 特に春休みや行事のあとは、男の子も「思い出作りしたい」って私たちと同じ気持ちみたい。そこを逃さず、みんなで遊ぶ約束を取りつけよう。一番人気は遊園地！ おたがいにふだん見られない一面が飛び出したりして、ラブハプの発生指数も100♡ 思い出作り＋恋も進みそう！

男女遊びのリアルが知りたい！

まずは男女で遊んでるニコラ読者に、リアルな話を聞いてみたら、男女遊びのスタンダードが見えてきたよ。タイミングについては、なんと春休みって子が半数も！　クラスや学校がかわる前に思い出を作りたい子が多いのがよくわかるね。このタイミングなら男の子のことも誘《さそ》いやすいよ！　場所は遊園地が人気だけど、もっと気楽な公園やカラオケってパターンも。クラスみんなのグループＬＩＮＥに声かけして、アンケートで多数決をとることが多いみたい。待ち合わせもこまらないように、事前にルールを決めておこうね！

Q 男女グループでどこに遊びに行く？

- ★ 公園
- ★ カラオケ
- ★ 食べ放題
- ★ 遊園地

お金がかからない公園、みんなでワイワイできる遊園地、女子会でも人気のカラオケや食べ放題が王道。

Q 男女グループで遊びに行くのはいつ？

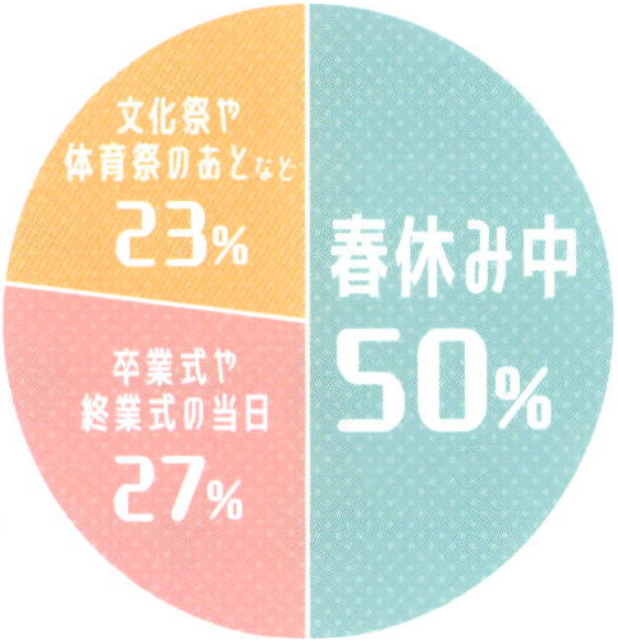

文化祭や体育祭のあとなど
23%
卒業式や終業式の当日
27%
春休み中
50%

Q 待ち合わせでこまったことは？

人数が多いからこそ、集合に人がそろわないとダラッとしちゃう。事前に対策しておこう！

集合時間にみんな集まらない…

こうやって解決！　家が近い友だちで集まりながら集合場所へ向かう！

スマホを持ってない子と連絡が取れない

こうやって解決！　家を出るタイミングで連絡してもらう

Q 行き先や日程の決め方は？

スマホを持っていない子も参加できるように、リアルな声かけというアナログ方式も活用。

スマホを持ってない子は

→ 休み時間や放課後に声をかけあう！

クラスにグループLINEがあるなら

→ アンケート機能を使ってササッと計画

男女遊びお役立ちテクニック

男女遊びがめでたく実行されたその次は、ちょっとこまったシチュエーションでの対応法を考えてみよう！　仲よしのいつメンの女子遊びとちがって、男女グループで遊ぶと緊《きん》張《ちょう》感《かん》もあるし、おたがいの気持ちを探りながら…ってことも少なくないと思うの。特によくあるのが、沈黙《ちんもく》になっちゃったとき。また、食事で座る順番どうしようとか、集合写真を撮ろうってときも気持ちは楽しいんだけど、なんだか気まずいこともあるよね。シチュエーションにあわせて事前に対策を考えておけば安心だよ！

沈黙で気まずくなったとき

「写真撮るよ～」は魔法の言葉！

こまったらとりあえず写真を撮る！みんなで楽しめて、その後も「見せて～」と話が続くよ。

再集合の時間を決めて別行動するのもアリ！

男女別のリラックスタイムを入れても。好きな人がいるなら、まずはここで作戦会議だ♡

食事で座る場所にこまったとき

グーパーで運にまかせる！

ドキドキの展開に盛り上がることまちがいなし！　指名するよりカドも立たなくて◎！

キッパリ男女で分かれて座る

ごはん食べる姿を近くで見られるのが恥ずかしい…って子は、男女別で座るのが安心かも。

上手に記念写真を撮りたいとき

鏡やガラスごしに同じポーズで撮るのがおすすめ

みんなでぎゅっと集まって！　鏡やガラスごしなら、同じポーズもとりやすいよ。

男子に
撮ってもらうと
全員きれいに写るよ

足元だけなら青春感出せる！

ちゃっかり好きな人のとなりをポジションどり！
足だけなら思いきっていけるかも♡

男女遊びで気になる彼にアピール！

男女遊びをきっかけに、気になる男子との距離《きょり》を縮《ちぢ》めたり、男子からの印象《いんしょう》がアップしたりってうれしい展開もあるみたい！　ポイントは「気づかい」です。まわりをよく見て、こまっている子にさりげなく気を配ったり、相手が興味のある話題をふってみたりって姿は、ちゃんと男子の心に届いてるよ。また男女グループで遊ぶと、行きたい場所などの意見が分かれがちなんだけど、そこでみんなをまとめて、引っぱっていったらもう女神★　会全体が楽しくなるように積極的に動くことで評価がアップするよ！

NG行動

正面から見せるのは印象悪め…！

なんとなくぶっきらぼうな印象に。距離も遠く感じちゃうかも…。

スマホの画面を見せるときは隣からそっと近づく♥

キュッと肩をよせられると、相手の男子もドキッとしちゃう！　さりげないあざとテクです♡

待ち時間は相手に合わせた話題をふる

気になる男子の意外な一面を知るチャンス。聞く側にまわって、笑顔でうなずいてみて。

おすすめの話題はコレ！

- 部活の話
- ゲームやアニメの話
- YouTubeやTVの話

ごはんタイムは「お水いる人～」で気づかいできる子に♪

食事中にお水をくんできてあげるなど、細かい気づかいができる子はポイント高いよ。

次の動きを提案するとしっかり者の印象アップ！

みんなの意見を聞いて取りまとめてね。たよれる姿に男子も自然と心をゆるしてきそう！

服装は 動きやすさを重視しながら おしゃれ感もさりげなく！

おすすめコーディネート

ガーリー好きなら甘スポを意識

全身ガーリーは引かれる可能性大。スポーツ系やカジュアルMIXが◎。

トレンド感出すならシャツ×パンツ

シャツにパンツの大人スタイル。脚を出したくない子はこんなコーデも。

カジュアルガーリーが男女モテ♡ これが男女遊びの基本コーデだよ！

カジュアルロゴは男女ウケよし

だぼロンT×ショーパンでメリハリ出す♡

歩きやすいくつ

ニコラ学園

放課後相談室

Counseling Room

からだとこころのお悩み

誰にも言えない悩みをこっそり話せる「放課後相談室」。からだやこころが大人へと変わっていく思《し》春《しゅん》期《き》ならではのお悩みに専門家の先生が答えるよ！

専門科の先生が答えるよ！

皮《ひ》ふ科《か》医《い》 細野《ほその》 久美子《くみこ》先生

顔やからだなど「皮ふ」の悩みに親身になって相談にのってくれるよ。子どもはもちろん、動物や植物も大好き！

臨床《りんしょう》心《しん》理《り》士《し》 桝田《ますだ》 智子《ともこ》先生

「こころの悩み」について優しく話を聞いてくれる心理カウンセラー。相談者一人ひとりに寄り添ったアドバイスをしてくれるよ。

姉とくらべられてつらい

（中1・このかちゃん）

お姉ちゃんがいるのですが、お母さんに勉強やスポーツなど、なにもかもくらべられてつらいです。どうしたら自分に自信がもてるようになりますか？

あなたとお姉さんは姉妹であってもちがう人間です。あなたにはあなたのよさが必ずあります。まず、自分が持っているいいところを探して、それを伸《の》ばすためにどうしたらよいかを考えてみましょう。もしどうしても思いつかなかったら、信頼《しんらい》している友だちや大人に聞いてみてもいいかもしれません。そしてもう一つ、お母さんに今の気持ちを伝えてみることをおすすめします。「お姉ちゃんとくらべられて苦しい。私の個性を見てほしい」と伝えられるといいなと思います。お母さんもハッとするかもしれません。このかちゃんが、個性を大切に伸ばしていけること、そしてお母さんもそれを尊重《そんちょう》してくれることを祈っています。（桝田智子先生）

お母さんに気持ちを正直に伝えてみよう

毛穴が気になる！（中2・ヒカルちゃん）

毛穴ケア用品を使ったり、クレンジングやパックをしていますが、毛穴ケアができません。どうすればキレイなはだになりますか？

黒ずんだ毛穴には皮脂《ひし》や角質《かくしつ》、うぶ毛が詰《つ》まっています。洗顔前に蒸しタオルや入浴で顔を温めましょう。その後、洗顔料を泡立て、指の腹で優しく洗います。黒ずみが気になる部分はていねいに、ほおや目元は軽めに洗い、すすぎ残しに注意。皮脂《ひし》を取りすぎると逆に分泌《ぶんぴつ》が増え、乾燥すると角栓《かくせん》ができやすくなります。洗顔後は乳液や保湿ジェルを活用しましょう。角栓はすぐにはなくならないため、あせらずケアを。黒ずみが改善《かいぜん》したら週1回のケアで十分です。日中は元気に運動して、夜は熟睡《じゅくすい》できるようにすることも大切です。はだのお手入れはもちろん大切ですが、食事や生活スタイルを見直すことも、はだをきれいにする秘訣《ひけつ》です。（細野久美子先生）

一緒にキレイ肌を目指そう♡

大人が苦手です！（中2・エスちゃん）

先生を目の前にすると目をそらしたり、気づかれないようにこっそり逃げたりしています。なぜかわからないけれど、親はもちろん、学校の先生……大人が苦手です。

少しでも信頼できる人に相談してみるのはどうかな？

エスちゃんは今、思春期という大切な成長の時期にいます。思春期とは、体と心が大人へと変化する時期です。体の変化としては初潮《しょちょう》や胸の成長があり、心もまた自立に向かって変わります。その過程《かてい》で、親や先生の価値観《かちかん》に反発を感じたり、大人とのかかわりをうっとうしく思ったりすることがあります。これは成長の一つであり、心配する必要はありません。しばらくは大人を避《さ》けたくなるかもしれませんが、自然と落ち着いていくものです。ただし、大人を避けたくなる理由が他にある場合（嫌な経験や人間関係の悩みなど）、個別のサポートが必要かもしれません。そんなときは、養護《ようご》教諭《きょうゆ》やスクールカウンセラーなどに相談してみましょう。（桝田智子先生）

白髪が多いのが悩み…（中3・ちぃちゃん）

白髪が多くて、とくにヘアアレをすると目立ってしまいます。白髪を減らしたり、目立たなくする方法はありますか？

規則正しい生活を心がけてみよう!

若白髪の主な原因は遺伝ですが、ストレスや睡眠不足、ダイエット、スマホ・ゲームのしすぎも影響します。まず、スマホやゲームの時間を減らし、目を休ませ適度に運動しましょう。自律神《じりつしん》経《けい》の改善につながり、睡眠の質がよくなります。また、髪の健康には、たんぱく質やビタミン、ミネラル、亜鉛《あえん》などの栄養が必要です。海藻類や乳製品、肉・魚・大豆などをバランスよく食べ、ムリなダイエットは避《さ》けましょう。頭頂部《とうちょうぶ》や分け目に白髪が多い場合は紫外線の影響も考えられるので、分け目を変えたり帽子をかぶるのもおすすめです。頭皮マッサージで血流をよくするのも効果的。中学生なら髪色は変わる可能性があるので、染《そ》めずにヘアアレンジを楽しみましょう。（細野久美子先生）

イライラをコントロールできない（中3・リカちゃん）

昔から短気で、人前でもすぐに怒ってしまいます。最近、学校でイライラすることが多く、表情や行動に出てしまい人間関係にも影響が出ています。本当は、自分でもイライラしたくないのに…。

最近イライラすることが増えた理由で、思い当たることはありますか。実際に不快に感じるようなことがあるのなら、それは当然の感情です。ほかに、「不安」や「いそがしさ」が原因になっていることがあります。もしかすると、進路選択を前に不安を感じていたり、やらなければならないことがたくさんあったりするのではないでしょうか。そういうことがイライラのもとになっている可能性もあります。その場合は、深呼吸をしてみたり、不安を解消するために、適切な人に話を聞いてもらったりすることで、イライラが少し軽くなるかもしれません。大きく伸《の》びをしたり、軽くストレッチするだけでも力が抜けて、気持ちがすっきりすることもありますよ。（桝田智子先生）

イライラしやすくなった原因を考えてみよう!

おまけ

学校かわいいレシピ

コミュニケーション力を高めたら、見た目もかわいくアップデート♡ 校則範囲内でできるテクを教えるね！

学校かわいいレシピ

すっぴんビューティテク

メイクをしなくてもかわいくなれる、簡単ビューティテクをレクチャー。
毎日コツコツ積み重ねれば、グッとあか抜けた印象《いんしょう》になれるよ♪

テク01 まゆ毛&うぶ毛をケア

まゆの間

まゆの間は、カミソリをタテにして上→ななめ下にむかってそり、つながるのをふせぐよ。

まゆ下

まゆ毛に生えている細かい毛を、カミソリを上→下に動かしてそるよ。まゆ尻のほうだけでOK。

りんかく

フェイスラインはほっぺ→あごにむかってうぶ毛をカット。そり終わったら化粧水で肌を保湿。

鼻の下

くちびる「んっ」ととじて鼻の下を引きのばし、毛を上→下にむかってそるよ。

お手入れするのはココ！
電気シェーバーを使うのもおすすめ

テク03 ホットタオルでむくみとり

目もとがスッキリ！

温めたぬれタオルを目の上にのせるだけ。血行がよくなってスッキリ&リラックス♪

テク02 ベロまわしで表情筋UP

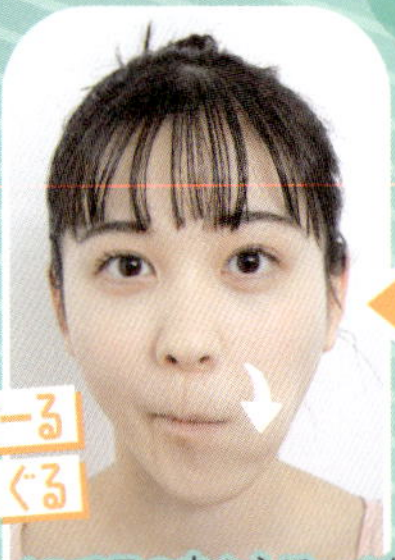
ぐーる
ぐる

ほっぺをベロで押す

ベロで口の中からほっぺを軽く押すようにして、口の中を右回り&左回りにぐーるぐる。

メイクなしでも
こんなにかわいい♡
After

Before

テク04 あいうえお小顔体操

あ行の口の形を、顔全体の筋肉を動かすイメージで全力でやろう。声は出さなくてもOK！

あ

い

う

え

お

テク05 フェイスラインマッサージ

もみ
もみ

首すじをもむ

気持ちいいと感じるくらいの強さでもむよ！

ぐる
ぐる

耳を大きく回す

前回し・後回しを各10回ずつやってね。

むぎゅ
むぎゅ

あご～耳をつまむ

骨をつまむイメージでもみほぐすよ。

ぐっ
ぐっ

3本の指で押す

あご～耳下までフェイスラインを軽く押す。

学校かわいいレシピ

校則内ヘアアレンジ

技ありヘアアレンジで、「おしゃれな子」って思われちゃおう！
黒ゴムや黒ピンだけでできるから、校則がきびしい子でも安心。

くるりんぱツイン

HOW TO

01
結び目の位置が耳より下にくるように意識して、ゆるめに2つ結びを作る。

02
左右それぞれの毛先を、ゴム上に作った穴に通してくるりんぱをするよ。

03
それぞれの毛束を2つに分け、毛先までくるくるねじってゴムでとめる。

ザクザクピン留め

HOW TO

01
顔の横あたりで、毛束を2本取る。細めに取るとおしゃれ見え。

02
毛束をみつあみにする。毛先まであんだら、耳後ろでピン留《と》め。

03
左右それぞれピンでとめたら、後頭部から中央の毛束をまとめる。

04
毛束をヘアピンで固定《こてい》。クロスすることで後ろ姿までかわいく♪

カチモリ風ハーフアップ

HOW TO

01
ハーフアップおだんごを作り、毛先を上から持ってきて結んでるゴムに入れる。

02
ハーフアップのおだんごと同じくらいの大きさになったら、ゴムでおさえる。

03
おだんごから出た毛をスプレーで広げるようにかためて、カチモリ感をアップ。

あみこみハーフア

HOW TO

01
顔の近くの毛束をとって、3本にわける。

02
Ⓐの毛束に、近くの毛束(Ⓐ')を混ぜて、真ん中のⒷの毛束の下を通す。

03
Ⓑの毛束が手前にきたら、次はⒸの毛束に近くの毛束(Ⓒ')を合わせて真ん中の毛束の下を通す。

04
外側の毛束に近くの毛束を混ぜ、中央の毛束の下を通して交差させる、をくり返してあんでいく。

05
耳下はみつあみに切りかえて、両方の毛束を後ろで結ぶ。

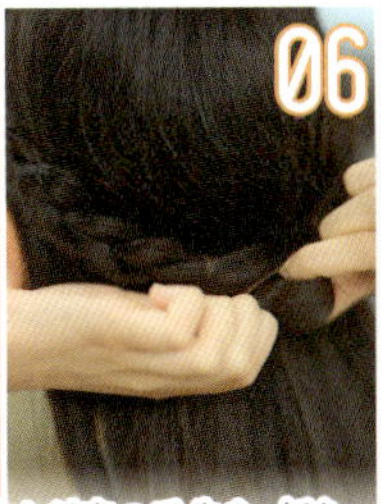

06
結んだ束の毛先を、折り返しておだんごにする。

ふわっと玉ねぎヘア

HOW TO

01
低めのポニーテールを作る。ポニーから細い毛束を取って、細かくみつあみ。

02
毛束が三等分くらいになるように、みつあみとポニーテールの毛束を結ぶ。

03
毛先を軽く引っぱりながら、ゴムとゴムの間が丸くなるようにふくらませる。

学校かわいいレシピ

あか抜け制服着こなし

着くずしすぎず、きちんと感をキープして先輩や先生の目を回避《かいひ》。
こっそりあか抜けテクを仕込んで、制服をかわいく着こなそう！

がら
イルを目指そう！
5cm
ちり
◎

ブレザー着こなしPoint

清潔感《せいけつかん》がキーワード。ボタンをきちんとしめたり、ほこりケアをしっかりすればそれだけで大人っぽく見えるよ！

きっちり
第一ボタンまでしめる

あか抜けPoint

エチケットブラシでほこりゼロ！

ネイビーなどの濃い色はほこりが目立ちやすいよ。エチケットブラシやコロコロでこまめにケア。

あか抜けPoint

透けない下着を選ぶ

キャミソール
タンクトップ
白＆黒だと透けにくい！

透けにくいのはもちろん、着替えるときに恥ずかしくないという理由で、白や黒が人気！

みんなの中着事情

チャリ通だから見えても安心な体操着！

レギパンはごわごわしなくておすすめ

スカートの下は体操着って校則で決められてる！

私服スカートのときにもはいてるよ

あか抜けPoint

スカートのすそから体操着を出さない

ごわつかない黒パン。体操着の場合、スカートのすそからはみでる部分は折って調整しよう。

あか抜けPoint リュックを背負うときはエリがめくれないように！

リュックでエリが浮いてると残念な印象《いんしょう》に。あわてずエリの上から背負えばきれいに。

セーラー 着こなしPoint

大きなエリがかわいいセーラー服。スカーフの結び方や、靴下の長さなど細かいところにまでこだわればイケ感がアップ！

校則をきっちり守 イケてる制服

きっちり
すそからセーターを出さない

きっち
スカー

あか抜けPoint リボンは輪っかを大きくする

ふんわりリボンでかわいらしい雰囲気《ふんいき》に。結び目をかくすようにすると仕上がりがきれいだよ！

01 リボンを固結びにする

02 結び目を半回転させて整える

あか抜けPoint 手首のスナップをとめて細見え！

手首がほっそり見えるうえに、先生や先輩にも目をつけられなくて一石《いっせき》二《に》鳥《ちょう》。

あか抜けPoint スカートとくつ下の間にすきまをつくる

重見えしがちなセーラーは抜け感が大事。スカート丈は守りつつ、短め靴下で肌を見せて。

生徒会長・コハナ
副生徒会長・フタバ
からのメッセージ

学校生活を楽しく過ごすために大切なこと

【コハナ】スタートブックを手に取ってくれてありがとう♡　勉強や部活、友だちとの時間……学校生活って、やることが本当にたくさんあって、気づけば一日があっという間に過ぎていくよね。

【フタバ】新学期は不安なことがあったり、まだちょっと緊張《きんちょう》してるかもしれないけど、私たち生徒会メンバーがそばにいるから安心して。

【コハナ】もしこまったら、一人で抱えこまずに、友だちや両親などまわりに頼《たよ》ることも大切だよ。あせらず、自分のペースで大丈夫♪

【フタバ】そして、このスタートブックが、少しでもみんなの学校生活を楽しくする手助けになったらうれしいな。

【コハナ】悩《なや》みながらも成長できるこの時間は、とっても大切な宝物。みんなで支え合いながら、今を全力で楽しもうね。

ニコラ学園
楽しい学校生活スタートブック

2025年5月12日　第1刷発行

監修　「ニコラ」編集部
発行人　川畑勝
編集人　芳賀靖彦
企画・編集　目黒哲也
発行所　株式会社 Gakken
〒141-8416　東京都品川区西五反田2-11-8
印刷所　中央精版印刷株式会社
DTP　株式会社 四国写研

●お客様へ
[この本に関する各種お問い合わせ先]
○本の内容については、下記サイトのお問い合わせフォームよりお願いします。
https://www.corp-gakken.co.jp/contact/
○在庫については　TEL:03-6431-1197(販売部)
○不良品(落丁・乱丁)については TEL:0570-000577
学研業務センター　〒354-0045　埼玉県入間郡三芳町上富279-1
○上記以外のお問い合わせは　TEL:0570-056-710(学研グループ総合案内)

学研グループの書籍・雑誌についての新刊情報・詳細情報は、下記をご覧ください。
学研出版サイト　https://hon.gakken.jp/

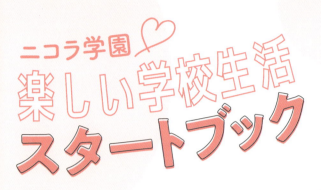